Diogenes Taschenbuch 24494

**de
te
be**

AF178171

How to enjoy your Gartenglück

Ein Ratgeber in Geschichten

Ausgewählt von
Anna von Planta und Silvia Zanovello

Mit einer Anleitung von Martin Walker

Diogenes

Mitarbeit: Shelagh Armit
Nachweis am Schluss des Bandes
Covermotiv: Copyright © Diogenes Verlag

Originalausgabe
Alle Rechte an dieser Ausgabe vorbehalten
Copyright © 2020
Diogenes Verlag AG Zürich
www.diogenes.ch
80/20/36/1
ISBN 978 3 257 24494 6

Inhalt

MARTIN WALKER

Gartenglück

Von einer jungen Liebe abgesehen, gibt es wohl kaum
etwas, das unsere Sinne so anregt wie ein Garten. Die
Blumen und Grüntöne erfreuen das Auge, während wir,
von Blütendüften umweht, eine pralle, sonnenwarme Tomate betasten und vom Strauch pflücken, um hineinzubei-
ßen und eine wahre Geschmacksexplosion zu erleben. Wir
hören das Summen der Bienen, die, pollenbeladen, Blüte
um Blüte bestäuben und somit die nächste Generation von
Früchten garantieren. Wir schauen Schmetterlingen nach,
die aus bunt leuchtenden Blumen ins zarte Grün der Kräuter tanzen. Im Garten zeigt sich die Essenz allen Lebens.

Mehr noch – wir können die Schätze des Gartens bergen, Kartoffeln, Karotten und Knoblauch, die nur für uns
gewachsen sind, sie aus dem Boden heben und verspeisen.
Wir können beobachten, wie sich hinter der gelben Blüte
einer Zucchinipflanze die Frucht wie ein zarter, grüner Finger streckt. Und wir erfahren, wie sich der Mutterboden
anfühlt, wenn wir ihn mit den Händen um junge Spargel-
sprossen häufeln oder einen frischen Kopfsalat ernten. All
das bringt uns in Berührung mit dem endlosen Fluss der
Jahreszeiten und der wundersamen Fruchtbarkeit dieses
großzügigen Planeten, auf dem wir leben.

Gärten gibt es in allen Größen und Formen, etwa als

geometrisch durchkomponierte Anlage in barocker Pracht, wie sie André Le Nôtre für das große Schloss von König Ludwig XIV. in Versailles geschaffen hat, oder aber reduziert auf eine Handvoll Blumentöpfe auf dem Balkon einer Stadtwohnung, mit hübschen Geranien und selbst gezogenen Kräutern wie frischem Basilikum und Schnittlauch. Ein Garten, egal wie groß er ist, kennt keinen Stillstand. Das ganze Jahr über wachsen, blühen und reifen Pflanzen je nach Art. Selbst im Winter füllen Lauch, Weiß-, Grün-, Rosenkohl und anderes die erntefertige Gemüsefläche, von Mangold und den kleinen grünen Blättern der *mâche*, dem Feldsalat, ganz zu schweigen. Die aus dem Boden sprießenden kleinen grünen Spitzen von Zwiebeln und Knoblauch versprechen neue Ernte im Frühling, die auf dem Kompost aus dem abgestorbenen Laub des Vorjahrs gedeiht.

Ein Garten strukturiert Ihren Tag. Er muss regelmäßig gejätet und gewässert werden. Auch das kann ein Vergnügen sein, etwa wenn sich Sonnenstrahlen in den aus dem Schlauch oder der Gießkanne sprühenden Wassertropfen brechen und zu Farbprismen aufgefächert werden. Der Geruch von feuchter Erde erinnert Sie daran, dass sich der Gartenboden täglich erneuert, und ein kleiner Regenschauer wird Ihnen nie wieder die Laune verderben; denn selbst wenn Sie durchnässt oder Ihre neuen Schuhe ruiniert sind, wissen Sie, dass der Regen gut für Ihre Pflanzen ist. Ein Garten ist ein Crashkurs in Philosophie. Man übt sich in Geduld, Pflichtbewusstsein und vor allem in dem Verständnis dafür, dass unser Leben von der Partnerschaft abhängt, die wir Menschen mit der Erde und allem, was sie uns gibt, entwickelt haben.

Ich brauchte Zeit, um das alles zu lernen. Als mein Vater auf der steinigen Parzelle, die er unseren Garten nannte, Kartoffeln pflanzte, musste ich bestochen und gedrängt werden, um beim Jäten zu helfen. Ich wollte viel lieber Fußball spielen und hätte in Kauf genommen, statt der Kartoffeln Gras zum Essen vorgesetzt zu bekommen.

Als ich später in einer Dachwohnung in London lebte, schenkte mir ein Freund einen Blumentopf mit einem schwächlichen Basilikumsetzling darin. Ich stellte ihn auf den winzigen Balkon und wässerte ihn nur, wenn es mir gerade in den Sinn kam. Das Pflänzchen aber verzieh meine Nachlässigkeit und wuchs unverdrossen heran. Eines sonnigen Tages, als ich Tomaten für einen Salat aufschnitt, erinnerte ich mich an das Basilikum. Ich pflückte ein paar der frischen grünen Blätter, zupfte sie in kleine Stücke, verteilte sie auf den Tomaten, gab etwas Olivenöl und Salz hinzu – und mein Salat hatte plötzlich etwas Magisches, weil er nicht nur schmeckte, sondern mich auch ein bisschen stolz darauf machte, zu diesem unverhofften kulinarischen Genuss etwas beigetragen zu haben.

Die einsame Basilikumpflanze erhielt Gefährten: einen Topf Schnittlauch und zwei größere Töpfe mit rosafarbenen und roten Geranien sowie eine Klematis, die sich am Balkongeländer entlangrankte. In dem Jahr, das mein letztes in dieser Wohnung sein sollte, kaufte ich eine junge Kirschtomatenpflanze und hütete sie wie eine Mutter ihr neugeborenes Baby. Staunend sah ich die ersten kleinen grünen Früchte in Erscheinung treten und war voller Stolz, als sie allmählich reiften und rot wurden. Ich erinnere mich gut an das wohlige Gefühl der Zufriedenheit, mit dem ich meine erste reife Tomate pflückte, und an den lustvollen Genuss ihres Geschmacks.

Dann traf ich Julia, meine zukünftige Frau, die schon zu diesem Zeitpunkt eine Gartenbauexpertin war. In dem kleinen Garten des Londoner Reihenhauses, das unser erstes gemeinsames Zuhause war, versuchte sie, Hochbeete anzulegen. Zwei große Kisten tauchten auf, jede knapp drei Meter lang, einen Meter breit und etwa hüfthoch. Sie seien leichter zu bearbeiten, sagte sie, da man im Stehen Unkraut jäten könne. Und weil sich diese Beete schneller erwärmten, seien sie früher im Jahr zu bepflanzen. Die Erde sei locker und durchlässig, was das Wurzelwachstum begünstigen und zu reicher Ernte führen würde. Sie hatte recht. Tomaten und Sellerie, Rote Bete und Blumenkohl, Bohnen und Mais, rote wie gelbe Paprika und pralle lila Auberginen wuchsen in Hülle und Fülle heran – so dicht beieinander, dass für Unkraut kein Platz blieb.

Ich erfuhr, dass Eierschalen Freunde des Gärtners sind. Julia fing an, sie zu sammeln, die von meinem morgendlichen Frühstücksei und die der Eier, die sie zum Backen brauchte. Die Hälften wurden gespült, getrocknet und in einem großen Glasbehälter aufbewahrt. Im Januar zogen sie auf die Küchenfensterbank um, in die kleinen Kartons, in denen wir die Eier gekauft hatten. Zur Entwässerung hatte Julia mit einem Nagel ein Loch in den Boden der Eierschalen gebohrt und diese mit Blumenerde und Samen gefüllt. Als die Samen keimten, begann ein neues Ritual. Allmorgendlich mussten wir jede Eierschale um neunzig Grad drehen, damit die Sprossen von allen Seiten Sonnenlicht bekommen konnten. Als die Keimlinge kräftig genug waren, wurden sie – noch in ihren nunmehr eingerissenen Schalenhälften – in die Hochbeete umgepflanzt. Eierschalen sind voll von Kalzium, was Pflanzen, insbesondere Tomaten, gut bekommt.

Für Eierschalen gibt es noch weitere Verwendungsmöglichkeiten. Grob zerkleinert und rund um die Ränder des Hochbeets gestreut, halten sie mit ihren scharfen Kanten Schnecken fern. Und es scheint, dass sie, in Netzen an die Zweige von Obstbäumen gehängt, der Kräuselkrankheit vorbeugen. Jedenfalls versuchen wir in unserem Garten unsere Apfel-, Birnen-, Aprikosen- und Pfirsichbäume auf diese Weise zu schützen, was bei einigen Apfelbäumen anscheinend wirklich funktioniert. In anderen Fällen dagegen scheint diese Methode zu versagen. Willkommen im Gartenbau. Es gibt nie eine perfekte Lösung. Mutter Natur kann launisch sein, oder vielleicht hilft sie uns einfach, die Misserfolge und Erfolge des Lebens philosophisch zu reflektieren.

Als mich meine Zeitung *The Guardian* 1984 als Korrespondenten nach Moskau schickte, bezogen meine Frau und ich eine kleine Wohnung im fünfzehnten Stock eines Hochhauses. Ich glaubte unsere gärtnerischen Ambitionen auf Eis gelegt. Doch dem war nicht so. Allabendlich schien ein weiterer Blumentopf hinzugekommen zu sein. Bald gab es so viele, dass wir ein Regal bauen mussten, um sie alle unterzubringen. Und weil wir mittlerweile ein Kleinkind und ein neugeborenes Baby hatten, musste Klein-Kate, drei Jahre alt, ihre eigenen Blumentöpfe haben – einen für rote Geranien, den anderen für Basilikum. Diese Blumentöpfe, sagte sie, seien viel interessanter als ihre Puppen.

Auf der Fensterbank standen Töpfe mit Kresse, auf dem Balkon wuchsen Schnittlauch, Basilikum und Petersilie. Es gelang uns aber nie, auf dem Balkon Narzissen zum Blühen zu bringen, obwohl wir von der Wohnung aus tief unten vor der Banja, der öffentlichen Badeanstalt, große Mengen Osterglocken gelb leuchten sahen. Immerhin bot sich uns ab Mitte November, wenn die Temperaturen unter den Gefrierpunkt fielen, der Balkon als natürlicher Gefrierschrank an, in dem wir unsere verderblichen Lebensmittel aufbewahrten. Moskau war nicht gerade ein Konsumparadies; Verschwendung kam nicht infrage.

Irgendwann erfuhren wir von der Schwäche der Russen für ihre Datschen. Hohen Parteifunktionären standen wahrhaft luxuriöse Landhäuser zur Verfügung. Sehr viel bescheidener waren die Datschen der Schauspieler und Schriftsteller, mit denen wir uns angefreundet hatten; manche waren eher Hütten und bestanden nur aus zwei Räumen. Die vielleicht schönsten *izbas* – so der russische Name für den traditionellen Landsitz im Blockhausstil – sahen wir in Peredelkino, einer Datschensiedlung unweit von Moskau, wo auch Boris Pasternak gelebt hatte (in einem Haus, das heute ein Museum ist). In manchen dieser Häuser gab es noch die riesigen Kachelöfen, in denen das reichlich vorhandene Brennholz verfeuert wurde und auf denen die Bewohner in den Winternächten gemütlich und warm schlafen konnten.

Einige dieser Datschen gehörten Gewerkschaften, die sie sehr günstig an Mitglieder vermieteten. So waren die meisten derjenigen, die wir besuchten, im Besitz der verschiedenen Gewerkschaften für Schriftsteller, Künstler, Schauspieler und Journalisten. Auch einige Theater und das Bolschoi hatten ihre eigenen Datschen. Ein uns bekannter Schriftsteller erzählte, dass er nur deshalb seiner Gewerkschaft beigetreten sei, weil er in deren eigenem Restaurant in Moskau billig essen könne und ohne eine solche Mitgliedschaft kaum eine Chance habe, einen sowjetischen Verlag zu finden. Mitglied zu sein sei dagegen so gut wie eine Garantie, publiziert zu werden. Auflagen oder Umsätze schienen keine Rolle zu spielen. Was vor allem zählte, war ideologische Loyalität (und sei sie auch nur vorgetäuscht); literarische Qualität oder die Interessen der Leserschaft waren von nachrangiger Bedeutung.

Militär, Polizei, die Kommunistische Partei, regionale Regierungen sowie viele der wichtigsten Unternehmen hatten alle ihre eigenen Datschen. Aus den für solche Körperschaften geltenden Sonderrechten entwickelte sich eine Art Eigentumssystem, das vielen Sowjetbürgern die Möglichkeit gab, Privatvermögen anzuhäufen und ihren Kindern eine Datscha zu hinterlassen. Entsprechend hat Russland heute mehr Zweitwohnungen pro Kopf als jedes andere Land.

Die Datschen hatten alle sehr gepflegte Gärten voller Blumen, Gemüse und Obstbäume. Viele Besitzer pflanzten schnell wachsende Topinambur als Hecke, ohne zu wissen, wie gut ihre Wurzelknollen in der Suppe schmecken. Nach einem Besuch bei Freunden auf dem Land kehrten wir nach Hause zurück, beladen mit Äpfeln, Birnen und Topinamburknollen. Zufällig stieß ich auf einen Artikel in der Tageszeitung *Komsomolskaja Prawda*, in dem behauptet wurde, dass ein Drittel des in Russland produzierten Obstes und Gemüses aus Datscha-Gärten und privaten Parzellen von

Menschen in Kolchosen stamme – von Ländereien, die zusammen weniger als drei Prozent der Ackerfläche Russlands ausmachten.

In den armseligen und völlig zu Unrecht »Ovochi Frukti« (»Obst und Gemüse«) genannten Regierungsgeschäften fanden wir nur selten frische Ware. Aber wir lernten bald, im Cheremushinskij Rynok einzukaufen, einem riesigen lokalen Markt, wo die Früchte dieser in Eigenregie genutzten Parzellen erhältlich waren – zu entsprechenden Preisen. Irgendwie schien sich auch dort so etwas wie Privatwirtschaft zu entwickeln, sodass selbst im Winter frisches Obst und Gemüse zu haben waren, Tag für Tag angeliefert aus Georgien und Aserbaidschan im sonnigen Süden am Kaspischen und Schwarzen Meer. Wie die Abhängigkeit des Landes von Getreideimporten aus den Vereinigten Staaten und Kanada waren diese Märkte beispielhaft für die Probleme der zentral geplanten Wirtschaft des sowjetischen Systems.

Aber die Menschen verstanden sich anzupassen. Die Moskauer Märkte hatten neben einem hoch effizienten Tauschhandelssystem auch eine Alternative entwickelt. Als Ausländer konnte ich in speziellen Geschäften, die allein uns vorbehalten waren, Alkohol und Zigaretten für Fremdwährung kaufen. Eine Packung Marlboro- oder Kent-Zigaretten mochte Eintrittskarten für das Theater oder die Oper sichern, eine Flasche Scotch-Whisky gegen eine Kiste voll saftiger Orangen oder sogar gegen eine große Dose Kaviar am Hintereingang des Restaurants Praga getauscht werden.

Ich erinnere mich gut an ein ziemlich opulentes Abendessen im Haus eines amerikanischen Fernsehkorrespondenten. Der Starmoderator seines Fernsehsenders war zu einem Interview mit dem neuen Regierungschef Michail Gorbatschow nach Moskau gekommen. Als wir das Esszimmer betraten, fiel unser Blick auf einen mindestens zwei Kilo schweren Berg aus feinstem Belugakaviar, garniert mit einem Dutzend halbierter frischer Zitronen.

»Gütiger Himmel, wie kommt man an so viel Kaviar?«, fragte der bekannte Moderator und leckte sich die Lippen.

»Vergiss den Kaviar«, entgegneten diejenigen von uns, die in Moskau wohnten. »Fragt sich eher, wo unser Gastgeber all die Zitronen auftreiben konnte.«

Nach vier Jahren in Moskau versetzte uns meine Zeitung nach Washington, und Julia widmete sich wieder ambitionierter Gartenarbeit. Es wurden neue Hochbeete angelegt, und bald entdeckten wir abermals das große Vergnügen, einen frischen Kolben Zuckermais aus der Pflanze zu pflücken und ihn sofort in einen bereitstehenden Topf mit kochendem Wasser zu tauchen. Julia experimentierte mit verschiedenen Tomaten, darunter einigen alten samenfesten Sorten, die grün, gelb oder nahezu schwarz waren. Ich lernte wieder die himmlische Kombination von Basilikumblättern und frischen Tomaten schätzen und genoss Süße und Aroma selbst angebauter Erdbeeren, für die das, was die riesigen Supermärkte zu bieten hatten, nur ein schwacher Ersatz war.

Amerikanische Landwirte und Verbraucher hatten jedoch ihre eigene Lösung entwickelt – das »Pick your own«-Verfahren: Erdbeeren, Äpfel, Mais und dergleichen werden vom Kunden beim Erzeuger selbst geerntet, abgewogen und bezahlt. In die Preise einkalkuliert ist der Umstand, dass die meisten Kunden beim Pflücken auch naschen.

Was mich überraschte, war die amerikanische Leidenschaft für Rasenflächen, für die ihre Besitzer laut lawnstarter.com jährlich rund achtzig Milliarden Dollar ausgeben. Die Branche beschäftigt rund eine Million Menschen. Das erinnerte mich an ein Kapitel in einem Buch, das ich Jahre zuvor über den großen amerikanischen Architekten Frank Lloyd Wright geschrieben hatte, und an die Art und Weise, wie seine »Prairie Houses« auf seiner Berliner Ausstellung von 1910 präsentiert worden waren. Obwohl für Grundstücke in Vororten entworfen, wurde jedes Haus in Berlin als solitäres Exponat auf einer riesigen Rasenfläche und in ansonsten leerer Landschaft gezeigt. Man konnte sich fast die Hollywood-Szene einer Planwagenkolonne vorstellen, die langsam die endlose Prärie durchquert, oder Gruppen von Indianern, die unter Kriegsgeheul ein Blockhaus umzingeln, während der wehrhafte weiße Siedler im Inneren seine Winchester im Anschlag hält. In Wirklichkeit aber hatten zu dieser Zeit die Eisenbahnen und das rasante Wirtschafts- und Bevölkerungswachstum den amerikanischen Westen längst erreicht.

Als nostalgische Projektionsfläche besteht die alte Prärie weiter. Sie zeigt sich heute in den weiten Rasenflächen, die die Räume zwischen den Häusern der weitläufigen Vororte markieren. Das war Absicht. Die Gründerväter duldeten keine von Blumenbeeten oder Hecken umgrenzten Rasenflächen, weil diese gegen die proklamierten Prinzipien der Offenheit und Gemeinschaftlichkeit verstießen. Mehr noch, eine solche Art der Bepflanzung wurde als eine inakzeptable Fortsetzung der europäischen Vorliebe für das Private angesehen, wie sie eben im Stil der Gartengestaltung in der Alten Welt zum Ausdruck kam. In der Neuen Welt wurde man für den Anbau einer Hecke bestraft.

Ich habe den Reiz von Rasenflächen nie wirklich nachvollziehen können. Zugegeben, sie sind ideal für Picknicks, Sonnenbäder oder Ballspiele. Aber sie wirklich nutzbar zu machen – für ein Krocketspiel zum Beispiel, als Putting Green oder auch nur als stolzes Statussymbol – erfordert enorm viel Arbeit und Dünger. Rasenflächen müssen regelmäßig gewalzt, gemäht und vorsichtig von hartnäckigem Unkraut wie Löwenzahn, Margeriten und Krabbengras oder auch von Moosen befreit werden. Und dann droht ständig Gefahr durch Maulwürfe, die all die Arbeit zunichtemachen können. In einer bekannten Geschichte wird der Gärtner des Trinity College in Oxford von einem neugierigen Besucher gefragt, wie er es schafft, die riesigen Rasenflächen vor dem College zu pflegen.

»Du walzt, mähst und jätest – fünfhundert Jahre lang«, antwortet der Gärtner.

Ich habe lieber Gemüse oder Obstbäume oder mit saftigen Beeren beladene Sträucher, oder etwas, das wie eine Wiese mit Wildblumen aussieht, oder die Art von Gärten, auf die sich Julia so gut versteht. Sie liebt den Stil des englischen Landhausgartens, dicht mit Grün in gestaffelten Höhenmaßen bepflanzt und durchbrochen von kühn gesetzten Streifen aus sorgfältig aufeinander abgestimmten Farben. Es ist ein Stil, der Fülle und Fruchtbarkeit zum Ausdruck bringt; außerdem hält er dank seiner dichten Bepflanzung Unkraut im Zaum. Julia ist die Zeit für das

zu schade, was sie »städtisches Gärtnern« nennt: Zierge-
wächse, die wie paradierende Soldaten im Spalier stehen,
wovon ein jedes in einem kleinen Beet fußt, das unablässig
gepflegt werden muss.

Allerdings sehen so auch die meisten Gemüsegärten aus
(einschließlich unseres eigenen im Périgord) – lange Reihen
identischer Pflanzen. Im Nutzgarten erleichtert eine solche
Anlage die Bewässerung und das Unkrautjäten, die Ernte
und die Planung der Fruchtfolge für das nächste Jahr. Auf
einen Blick ist zu sehen, welches Gemüse häufig, welches
weniger häufig in der Küche verwertet wird; danach kann
man dann fürs nächste Jahr planen. Blumen brauchen und
schätzen eine solche Regelmäßigkeit nicht. Der Gemüse-
anbau aber erfordert Organisation und ein gewisses Maß an
Disziplin. Die Pflanzen wollen früh am Morgen, bevor es
heiß wird, gegossen sein, oder am Abend, wenn das Wasser
Zeit hat, tief bis zum Wurzelwerk in den Boden einzudringen.

Im Périgord nutzen wir etwa hundert Quadratmeter
Gartenfläche für den Anbau von Gemüse und Kräutern.
Außerdem haben wir ein Dutzend Obstbäume, eine Brom-
beerhecke und ein paar Weinstöcke. Wir sind fast das ganze
Jahr über autark und produzieren weit mehr, als wir brauchen, auch wenn wir im Sommer von Mitte Juni bis September normalerweise Verwandte oder Freunde zu Gast
haben, die bei uns wohnen und uns helfen, alles aufzuessen.

Die Überschüsse geben wir an Nachbarn und Freunde
weiter, obwohl es wenig Nachfrage nach unseren Zucchini,
Kartoffeln und Tomaten gibt, da die meisten eigene Gemüsegärten haben. Wir haben uns darauf eingestellt und

bauen entsprechend weniger an. Doch diejenigen, die sich von uns beschenken lassen, neigen ihrerseits dazu, sich mit fangfrischen Forellen, einer Rehkeule oder Wildschwein-schulter oder sogar mit einem erjagten Kaninchen erkennt-lich zu zeigen. Es ist eine informelle, aber für beide Seiten lohnende Form des Tauschhandels, die das Gemeinschafts-gefühl verstärkt.

An einem denkwürdigen Abend kam mein Freund Pierrot, unser Polizist vor Ort (und das Vorbild für Bruno), mit sechs *bécasses*, die er geschossen hatte. So heißen auf Französisch die langschnäbeligen Wildvögel, die Wald-schnepfen. Pierrots Frau Francine, mein Freund und Nach-bar Raymond mit seiner Partnerin Francette, Julia und ich schauten ihm dabei zu, wie er über dem offenen Feuer im Steinkamin unseres Wohnhauses eine lange Metallstange befestigte.

Kaum war das Feuer heruntergebrannt, hängte Pierrot die gerupften und ausgenommenen Vögel am Hals über die Glut, und als sie zu brutzeln begannen, fing er das herabtropfende Fett mit einem Tablett auf, darauf sechs dicke Brotscheiben, geschnitten von einer wagenradgroßen *tourte*. Jede Scheibe war mit einer Scheibe Entenstopfleber belegt, und wir beobachteten, wie das Fett der Vögel auf die *Foie gras* tropfte.

Gesund klingt das vielleicht nicht. Doch haben Wissen-schaftler festgestellt, dass im Périgord, diesem gesegneten Teil Frankreichs, Cholesterin- und Herzprobleme seltener auftreten als in den meisten anderen Ländern Europas. Die Kombination aus gutem Rotwein und Entenfett hat sich als hilfreiches Mittel gegen solche Beschwerden erwiesen.

Sowohl die Schnepfen als auch die Stopfleber waren köstlich. Dazu gab es eine Suppe mit Topinambur, frisch gepflückten Spinat und Kartoffeln – alles aus unserem Garten, wie auch die Äpfel, aus denen Julia zum Nachtisch eine *Tarte aux pommes* zubereitet hatte.

Es blieb natürlich nicht aus, dass wir irgendwann auch Bekanntschaft mit der *grillade* machten, bei dem in Frankreich im Unterschied zum amerikanischen Barbecue nicht nur Fleisch auf den Rost kommt, sondern auch Fisch und Gemüse. Man schneide einen Blumenkohl horizontal auf, röste die Scheiben auf einer Seite an, wende sie und lege eine dicke Scheibe Tomate darauf, überrieben mit Käse. Köstlich. Wir grillen sogar Obst – zum Beispiel Aprikosen und Äpfel in Scheiben –, die sich wunderbar als Beilage zu am Spieß gegrillten Hähnchen- oder Schalentierstücken eignen. Die Franzosen bestehen darauf, für ihre *grillades* im Freien einfache Holzkohle zu verwenden anstelle jener chemisch getränkten Briketts, die viele Amerikaner bevorzugen, weil sie leichter entflammbar sind. In Frankreich wird das Feuer meist mit trockenem Weinreisig angezündet, und es gibt kaum eine bessere Zubereitungsart für frische Forellen, als sie mit Zitronenscheiben in der Bauchhöhle zu grillen.

Ein nützlicher Grilltipp empfiehlt, die Zitronenscheiben unter den zu grillenden Fisch zu legen, um zu verhindern, dass die Haut am Rost festklebt. Noch ein Tipp: Hamburger zerfallen nicht, wenn man den äußeren Ring einer großen Zwiebel um die Fleischscheibe legt. Und damit sie nicht am Rost haftet, kann man einen Speckstreifen darunterlegen, der dem Geschmack ein gewisses Etwas verleiht und einen herrlichen Duft verströmt.

Wir halten Hühner und haben deshalb kein Problem mit Küchenresten, insbesondere Gemüseabschnitten oder den Außenblättern von Kohlköpfen. Die Hühner fressen alles. Sie freuen sich auf den Herbst, wenn der Wind die Äpfel und Birnen von den Bäumen schüttelt. Ich sammle sie auf, lasse sie in einem großen Topf zerkochen und füttere die Hühner damit, die sich flügelschlagend und mit Gekreisch darüber hermachen.

Für ein Land, dessen Bürger besonders stolz auf ihre bäuerliche Herkunft sind, gibt es in Frankreich erstaunlich wenige Kleingärten, und so mancher, von dem ich weiß, befindet sich in eher ungünstiger Lage, etwa in der Nähe von Autobahnen und oft ohne eigenen Wasseranschluss. Deutschland scheint mit 1,4 Millionen Schrebergärten weltweit führend zu sein und an einer Tradition festzuhalten, die auf die Mitte des neunzehnten Jahrhunderts, namentlich auf den Leipziger Arzt und Universitätsprofessor Moritz Schreber zurückgeht. Er sah aufgrund der rasant fortschreitenden Industrialisierung, ungenügenden Ernährung und elenden Wohnsituation in den Städten die öffentliche Gesundheit in Gefahr. Um ihr entgegenzuwirken, entwickelte er eine systematische Heilgymnastik, warb für Spaziergänge in der Natur und veröffentlichte Ernährungstipps. Mitstreiter in der Stadtverwaltung stellten Teile eines öffentlichen Parks als Spielplatz für Kinder zur Verfügung, der bald um Gartenbeete ergänzt wurde, die die Kinder auf nützliche Weise beschäftigen sollten. Damit nahm die Schreberbewegung ihren Anfang.

Schrebers Name lebt bis heute in den Kleingartenanlagen Deutschlands, Österreichs und der Schweiz fort. In

Österreich sind 38 000 Parzellen in solchen Anlagen registriert, in der Schweiz 27 000. Diese Zahlen werden in den Schatten gestellt von den allein in und um Berlin registrierten 70 000 Parzellen, die so begehrt sind, dass sich Bewerber auf Wartelisten eintragen lassen müssen. Manche dieser Kleingärten sind über zweihundert Quadratmeter groß und kosten einschließlich einer Laube um die vierhundert Euro Pacht pro Jahr.

Man kann viel über ein Land lernen, wenn man an Schrebergärten vorbeifährt, etwa mit dem Zug. Ich erinnere mich daran, wie im Jahr der in Deutschland ausgetragenen Fußballweltmeisterschaft über zahllosen Lauben deutsche Fahnen gehisst wurden. Nicht nur die deutschen, auch die schweizerischen und österreichischen Kleingärten scheinen insgesamt sehr viel aufgeräumter zu sein als die in Großbritannien, wo es heute mehr als 330 000 Kleingärten gibt, während an die 100 000 Bewerber um solche Parzellen auf Wartelisten stehen. Am Ende des Zweiten Weltkriegs verzeichnete Großbritannien nach sechs Jahren Lebensmittelrationierung nicht weniger als 1,5 Millionen Schrebergärten. Frieden und moderner Wohnungsbau haben die Zahl deutlich sinken lassen, doch ist sie derzeit wieder im Steigen begriffen.

Nach einer Faustregel reichen zehn Quadratmeter, um eine vierköpfige Familie den ganzen Sommer über mit Salat und Gemüse zu versorgen. Darüber hinaus spielen Kleingartenanlagen eine wichtige soziale Rolle. Sie bilden Gemeinschaften, in denen Gartentipps ausgetauscht oder Kraut- und Knollenfäule, Schnecken und Mehltau beklagt werden.

Britische Kleingärtner sind meist anarchischer als ihre kontinentaleuropäischen Kollegen, die alles gern sauber und gepflegt haben. In der Tat legte die ursprüngliche Schreberbewegung strenge Regeln einer gemeinsinnigen Gartenordnung fest. In Großbritannien begnügen sich Gärtner mit rohen Holzbohlen zur provisorischen Beetbegrenzung, und zur Bekämpfung von Unkraut reichen ihnen Teppichflicken und Pappkartons, die mit Steinen beschwert werden.

Nicht lachen. Pappkartons eignen sich bestens. Sie halten Unkraut zurück und sind ein Leckerbissen für Würmer. Auch lassen sich Kartonagen und Verpackungen so sinnvoll recyceln. Etwas Kompost auf die Kartons gestreut, und die Würmer kommen, fressen und kriechen mit düngenden Nährstoffen in den Boden zurück. Würmer sind unsere Freunde. Sie brechen den Boden auf und belüften ihn, sodass Pflanzen ebenso viel Luft durch ihre Wurzeln aufnehmen können wie über ihre Blätter. Wenn Sie mit einem einzigen Spatenstich fünf bis sechs Würmer aus dem Boden heben, haben Sie einen gesunden Garten.

Fast alles ist nützlich. Aus jungen Brennnesseln lässt sich eine gute Suppe kochen, und selbst schäbige alte Brennnesseln können in natürlichen Dünger umgewandelt werden. Man tauche sie in einen Eimer, der zu zwei Dritteln mit nicht chloriertem Wasser, vorzugsweise Regenwasser, gefüllt ist und beschwere das Laub mit einer Abdeckung und einem Stein. So lässt man es für zwei bis drei Wochen gären, möglichst weit weg vom Haus, da es stinkt. Die entstehende Maische kann entweder direkt auf den Komposthaufen geschüttet werden, wo sie den Kompostierungsprozess beschleunigt, oder mit Wasser im Verhältnis 1:10

zu einem natürlichen Dünger verdünnt werden, der viel Kalium, Stickstoff, Eisen, Magnesium und Chlorophyll enthält. Verwenden Sie diesen Dünger nicht für Rosen oder Tomaten, da diese kein Eisen mögen. Der unverdünnte Brennnesselsud lässt sich auch als natürliches Herbizid verwenden und zum Beispiel zur Unkrautbekämpfung auf Kieswegen einsetzen.

Sauerampfer kann zur Plage werden, weil seine Wurzeln so tief in den Boden eindringen, dass es kaum gelingt, sie vollständig zu entfernen. Wenn man aber die Wurzeln, die gezogen werden konnten, zwei Wochen in Regenwasser taucht, erhält man eine natürliche Pflanzennahrung, reich an Mineralien. Selbst Windengewächse können zu Kompost verarbeitet werden, wenn man sie vorher über mehrere Monate in einem luftdicht verschlossenen Plastikbeutel aufbewahrt. Der anaerobe Prozess und die natürlichen Bakterien bauen das Unkraut ab und lassen die Keimlinge verkümmern. Ein guter Gärtner verschwendet nichts.

Allen Gartenfreunden, auch solchen, denen nur ein Balkon zur Verfügung steht, seien zwei grundlegende Tipps ans Herz gelegt. Am Anfang steht ein Plan. Zeichnen Sie einen maßstabgerechten Grundriss der zu gestaltenden Fläche (für einen Tisch und mindestens zwei Stühle sollte Platz sein) und machen Sie sich eine genaue Vorstellung davon, wie Ihr Garten aussehen soll.

Für einen Balkon würde ich einige bunte Blumen wie Geranien und vielleicht eine kleine Kletterrose oder eine Klematis vorschlagen, dazu ein paar Kräuter wie Basilikum, Minze und Thymian und mindestens eine Kirschtomate. Im Winter können Sie sogar auf einem kleinen

Balkon Mangold und Chinakohl anbauen, die für frisches Grün sorgen.

Der zweite Tipp: Machen Sie möglichst viele Fotos von Ihrem Garten oder Ihrem Balkon. Es gibt im Winter kaum befriedigendere Momente, als auf das ganze Gartenjahr zurückzublicken und zu sehen, was sich wie verändert hat. Und es hilft festzustellen, was gut und was weniger gut gelungen ist. Daraus erwachsen neue Ideen für das kommende Jahr. Und vergessen Sie nicht, den mit Basilikum bestreuten Tomatensalat zu fotografieren, bevor Sie ihn genießen, am besten an Ihrem Balkontisch in der Sonne, umgeben von Ihren Pflanzen. Übrigens, Basilikum sollte von Hand und nie mit einem Messer zerkleinert werden. Die Schnittstellen laufen schwarz an.

Auch wenn Sie nur einen kleinen Garten haben, empfiehlt es sich, einen Komposthaufen anzulegen. Beginnen Sie im Herbst mit den abgefallenen Blättern. Das auf dem Boden ausgebreitete Laub mag wie eine Bedrohung erscheinen, ist aber ein weiterer Ausdruck unserer überreichen Natur. Wenn Sie auf dem Land leben, ist Pferde- oder Kuhmist leicht zu finden, und sollten Sie Hühner halten, vergessen Sie beim Ausmisten des Stalls nicht, den Hühnerdreck auf den Kompost zu geben. Welkes Laub abwechselnd mit Dung geschichtet, ergibt einen hervorragenden Kompost. Selbst für einen kleinen Garten sind die im Handel erhältlichen Thermokomposter aus Kunststoff eine sehr gute Investition.

Ein Garten belohnt auf vielfältige Weise, angefangen mit dem Vergnügen, Pflanzen wachsen und gedeihen zu sehen, bis hin zum Genuss seiner Gaben. Er bringt Sie dazu, unter freiem Himmel zu arbeiten, was nicht nur der körperlichen Gesundheit zugutekommt, sondern auch Wohlbefinden schafft. Selten sind Menschen so friedlich und konstruktiv beschäftigt wie im Garten.

Sie werden feststellen, dass sich mit den Veränderungen, die Sie an Ihrem Garten vornehmen, auch in Ihnen selbst ein positiver Wandel vollzieht. Gärtner gehen eine dauerhafte Beziehung zu lebenden Dingen ein. Dies schafft ein anderes, feineres Zeitgefühl, ein gesteigertes Bewusstsein für die Jahreszeiten und ein innigeres Verhältnis zu dem, was man isst. Wir alle sind von unserer Erde, unserem Boden und unserem fragilen Klima abhängig. Gärten und Gärtner sind mitentscheidend für deren Bestand.

Der Gärtner ohne Garten

Ein Wintertag in Amsterdam. In *El País* gesehen, daß es auf meiner Insel neun Grad sind und daß es regnet. Heimweh habe ich nicht oft, aber doch das schmerzliche Bewußtsein, ein Doppelleben zu führen. Eines hier und eines dort. Wenn es schlimm wird, schließe ich die Augen und denke an meinen Garten. Ich sehe ihn vor mir, und dann sehe ich auch mich selbst: wie ich die Pforte öffne und hineingehe, nach links, an den paar kümmerlichen Papyruspflanzen vorbei, mit denen ich mir den Sommer über immer so viel Mühe gebe. Sie wollen nicht so recht, mögen meine Abwesenheit nicht. Hohe grüne Stengel haben sie und ganz oben einen Stern aus schmalen Blättern. Es sind nur einige wenige, jedes Jahr, wenn ich wiederkomme, sind ihre Blätter an den Spitzen vertrocknet, dann müssen sie wieder aufgepäppelt werden. Ich habe sie nicht selbst gepflanzt, folglich stehen sie da schon sehr lange. Vor dem Haus wächst ein lorbeerartiger Baum, den die Engländer hier *mile-a-minute (Polygonum perfoliatum)* nennen und der sowohl mein Schutzpatron als auch meine Nemesis ist, ersteres weil er uns das Gefühl vermittelt, von der Außenwelt abgeschlossen zu sein, letzteres weil er im Sommer Tag für Tag Aberhunderte kleiner, harter schwarzer Beeren abwirft, die ich zusammenfegen muß, was nicht einfach ist, da der Baum langsam, aber hartnäckig dabei ist, den Steinweg rund ums Haus hochzudrücken. Ich nenne das meine Zen-Übung und habe mir im Laufe der Jahre unzählige neue Strategien ausgedacht, es so effizient wie möglich zu tun. Zum Zusammenfegen benutze ich einen Hexenbesen aus dünnen, biegsamen Zweigen, aber es sind Beeren von schikanösem Wesen, die infolge des Gefälles, das der Baum im Boden verursacht hat, gern in die falsche Richtung rollen oder unter dem Besen davonspringen oder aber genau dorthin fallen, wo man gerade gefegt hat.

Es sind Früchte, aber man kann sie nicht essen, und wenn man versehentlich auf sie tritt, gibt es violette Flecken. Auf dem Höhepunkt des Sommers fallen sie mit orgiastischer Leidenschaft herunter, und im September, wenn die nutzlose Ernte vorbei ist und ich meine Meditation ohne Beeren verrichten darf, beginnen die Blätter zu fallen, denn auch an immergrünen Bäumen wird gestorben. Manchmal stirbt ein Teil des Baums auf unerklärliche Weise ab, dann blickt man in ein Loch aus morschem Holz, das ich dann eben mit roter Erde fülle, weil der Regen es sonst noch weiter faulen läßt. Umhacken will ich ihn aber nicht, da er immer wieder ausschlägt und in neue Richtungen wächst und dann so viele Blätter dazubekommt, daß er uns zuverlässig Schutz und Schatten spendet. Auch diesen Baum habe nicht ich gepflanzt, er war schon da, ebenso wie der inzwischen abgestorbene Granatapfelbaum, die fünf immer höher werdenden Pinien *(Pinus maritima),* die wilden Fettpflanzen *(Aeonia)* und die eine Zypresse, die ich mehr noch als die anderen Gewächse als Freund betrachte, die jedoch im Begriff ist, langsam zu sterben. Ein Baum hat natürlich keinen

Rücken, und doch fällt mir kein besserer Name für die Seite meiner Zypresse ein, die ständig dem Nordwind ausgesetzt ist und infolge einer Chemotherapie zu erkahlen beginnt, von der sie sich nicht mehr erholen wird. Ich mag mir die dann entstehende leere Stelle in der Luft nicht vorstellen, und eine neue Zypresse zu pflanzen hätte (für mich) nur dann Sinn, wenn ich hundertfünfzig würde, also hoffe ich, daß sie gleichzeitig mit mir gehen wird, denn missen mag ich sie noch nicht. Durch ihre Höhe ist sie immer das erste, was man sieht, wenn man sich dem Haus nähert.

Ein Garten, der einem am Herzen liegt, um den man sich aber einen Großteil des Jahres nicht kümmern kann, hat etwas Trauriges. Als Gärtner tauge ich wenig, aber daran ist nicht mangelnde Liebe schuld. »Ein glücklicher Mensch, vom Zweifel überrascht«, ist eine der schönsten Gedicht-zeilen von Hugo Claus, und dieser Zweifel befällt mich, wenn ich während des niederländischen Winters an meinen Garten denke. Winter bedeutet auf der Insel Regen, Regen ist Wasser, und Wasser bedeutet, daß der Garten, der wäh-rend der Zeit meiner Anwesenheit zuweilen eine wüsten-artige Dürre aufweist, plötzlich zu leben beginnt. Bei den seltenen Malen, die ich im Winter auf die Insel komme, er-kenne ich ihn nicht, er lacht mich aus, morgens ist das hohe Gras, das plötzlich aus dem Nichts erschienen ist, klatsch-naß vom Tau, Vögel suchen nach Würmern, die Eidechsen mit ihren alten Gesichtern, die sonst auf der Mauer Spin-nen oder Fliegen auflauern, gebärden sich jetzt wie winzige Dinosaurier in einem Urwald. Wenn die Sonne scheint, be-ginnt alles zu dampfen, hohe Lilien (die, wenn ich wieder-komme, nur ihre tristen braunen Leichen zurückgelassen haben) stehen frohlockend zwischen den Fettpflanzen, die ihre Demut abgelegt haben und jetzt plötzlich gelbe Blüten tragen. Unkraut in vielen Völkern, Stämmen und Rassen. Unsere Vereinbarung mit Maria sah vor, daß Bartolomeu das alles beseitigen sollte, aber »El Ingles« (so hieß ich für Bartolomeu, da die Niederlande ihm begrifflich ein wenig zu fern waren – das änderte sich erst mit Cruyff und Koeman) ist im Winter irgendwo in Eis und Schnee verschwunden, und bis er wiederkommt, hat die Hitze alles verdorren lassen, so daß es sich wesentlich leichter ausrupfen läßt, denn El Ingles hat ja, wie man weiß, auch noch ein Stück Land hinter der Mauer, und über die wirft man das Zeug dann einfach. Kurz vor unserer Abreise hatten wir immer eine Besprechung in der Nähe des Hibiskus und der Bougainvillea. Thema war das Zurückschneiden, das im Winter erfolgen sollte. Maria behauptete, Bartolomeu könne das, doch er selbst hatte Bedenken. Ich hätte ihn genausogut bitten können, mir den Blinddarm zu entfernen, und so sah der Garten nach seinen Eingriffen in der Regel auch aus: wie ein Patient, der nur noch mit großen Mengen Liebe (Wasser) und Fürsorge halbwegs wieder auf die Beine zu bringen ist.

Es hat Jahre gebraucht, bis ich meinen Garten auch nur ansatzweise verstand und seinen Groll ob meiner Abwesenheit ertragen konnte. Ein Garten ohne Gärtner ist traurig und rächt sich. Es gab (und gibt noch immer) schrecklich viel, was ich nicht weiß. Die Fehler, die ich begangen habe, waren groß, und sie wurden mir heimgezahlt. Man pflanzt keinen Oleander neben eine kleine Palme, denn diese kleine Palme wird eines Tages sehr groß und trinkt dem Oleander alles Wasser weg, selbst wenn der drei Meter entfernt steht. Daß ich den einmal gepflanzten Oleander trotzdem nicht sterben lassen wollte, ist eine Donquichotterie, die sich über Jahre hinzog. Jedes Jahr war ich glücklich, wenn der Zwergstrauch unter meiner Zwangsernährung ein paar Blüten hervorzauberte, wobei ich durchaus sah, daß die Oleander der Nachbarn ihre Besitzer bereits überragten. Zum Teil konnte ich die Schuld auf die Experten schieben, auf die ich gehört hatte. *Gelbe Hibisken gedeihen nicht auf der Insel.* Auch darauf hätte ich nie hören sollen. Und als die Blätter des roten Hibiskus (der jedes Jahr größer wurde) nur bei mir gelb zu werden begannen, sollte ich ihn dem Ratschlag des einen zufolge gießen und dem des anderen zufolge nicht. Irgendwann hatte ich zwischen den Felsen an der Südküste der Insel eine Pflanze ausgegraben und in meinen Garten gepflanzt, von der ich erst viel später erfuhr, daß es sich um ein Wolfsmilchgewächs handelte, eine *Euphorbia dendroides.* Die hält sich nicht, wurde mir gesagt, aber ich wollte es nicht glauben. Ich grub sie mitsamt ihrem vollen, leicht rötlichen Blattschmuck aus. Wenn ich gewußt hätte, was daraufhin geschehen würde, hätte ich ihr einen anderen Platz gegeben, doch zunächst einmal geschah gar nichts, denn es wurde Oktober, und ich flog nach Japan. Als ich im Jahr darauf wiederkam, stand ein Skelett da. Dadurch konnte ich ihre Struktur natürlich gut erkennen. Ein kurzer Stamm mit allerlei Verzweigungen, eine Art toter Zaunpfähle, die mehr oder weniger senkrecht nach oben strebten, eigentlich eher die schematische Darstellung einer gutgehenden Firma denn ein Lebewesen. Mir fiel auf, daß sie doch gewachsen zu sein schien, danach aber aufgegeben hatte. Von ihren roten Dessous war nichts mehr übrig. Das wäre natürlich der Moment gewesen, mir meine Niederlage einzugestehen, doch ich wollte mich nicht kleinkriegen lassen und gab ihr jeden Tag Wasser, ohne daß sie über Monate etwas zurückgegeben hätte. Bis es September wurde. Plötzlich erschienen am Ende dieser Zaunpfähle, die in eine schmale, abgeplattete Spitze ausliefen, winzig kleine grüne Pünktchen, die in den darauffolgenden Wochen immer größer wurden. Ich suchte die Pflanze in der *Encyclopedia de Menorca* und entnahm dem katalanischen Text nebst verschwommenem Foto, daß Rot ihr Frühling ist und Gelb ihr Sommer. Da jedoch ihr Sommer mein Winter ist, wenn ich ein Gärtner ohne Garten bin, blüht die Euphorbia ebenso wie die Lilien für niemanden, außer für sich selbst. Inzwischen hat sie das Auftreten eines amerikanischen Basketballspielers zwischen Pygmäen, doch sie umzupflanzen, dafür ist es zu spät.

Die Zypresse, die Euphorbia, der rote und der rosafarbene Hibiskus, die Pinien, die so schön rauschen können und ein paar Tauben beherbergen, der *mile-a-minute,* der die Amseln füttert, die violette Bougainvillea, die am Haus emporklettert und schon da war, als ich kam, sie gehören inzwischen alle zu meiner Familie. Schließlich habe ich jeden Tag mit ihnen zu tun. Die größte Überraschung in diesem Familienkreis war die Agave. Daß sie nur ein einziges Mal in fünfundzwanzig Jahren blüht und dann abstirbt, wußte ich. Doch Wissen ist etwas anderes als Miterleben. Wasser brauchen Agaven eigentlich nicht, doch wenn man schon mal beim Sprengen ist, lenkt man auch mal einen kleinen Regenschauer auf diese harten, spitz zulaufenden blaugrauen Blätter, in der Hoffnung, daß sie das mögen. Ob es geholfen hat, weiß ich nicht, doch der Moment, als die Agave ohne Vorwarnung zu einer übermütigen und im Grunde rasend schnellen Erektion ansetzte, war atemberaubend. Plötzlich war er da, ein meterhoher, zielstrebiger Phallus, und, wie ich meinte, gleich darauf dieser riesige Turm üppig weißer Blüten, an den ich nicht herankam. Eigentlich war es, als habe die Pflanze sich mit sich selbst gepaart und gebäre jetzt auch gleich noch diese Blüten, ich mußte ein paarmal am Tag hin und nach ihr sehen, mit dem Gefühl, ich sei die Hebamme gewesen. Fünfundzwanzig Jahre hatte sie dafür gebraucht, jetzt war es soweit, sie hatte ihren Auftrag erfüllt, und ich hatte es sehen dürfen, jetzt konnte sie ruhig sterben, und das tat sie auch. Die Sterbeszene am Ende einer Oper ist nichts im Vergleich dazu. Alles, was ich sage, ist wahrscheinlich botanischer Unsinn, doch ich lasse mir meine Illusionen nicht rauben.

Der Platz, wo sie stand, ist jetzt leer, und das ist vielleicht auch besser, denn die Bella Sombra, die ein befreundeter kroatischer Graf mir vermachte, bevor er wegzog, beginnt sich mit ihren Elefantenfüßen in Richtung des frei gewordenen Platzes zu bewegen. Paul war einer jener Menschen, die alle zehn Jahre ein anderer werden. Ich habe ihn als Mann mit einem Restaurant im Hafen gekannt, danach zehn Jahre lang als Bauern in einem entlegenen Tal, der morgens um sechs mit seinen Himbeeren auf den Markt kam. Jetzt ist er Antiquar in London, spezialisiert auf Spanienkarten, aber als er vor dreißig Jahren in dieses Tal zog, tat es ihm leid, die Bella Sombra zurückzulassen, und so pflanzte er sie in meinem Garten zwischen der Zypresse und der Agave ein.

Hätte ich die Augen nur ein wenig besser offengehalten, ich hätte wissen können, was mich erwartete. Neben dem Fischmarkt in der nächstgelegenen Stadt stehen zwei, und die sind im Begriff, allmählich die gesamte Insel hochzustemmen.

Übertreibung ist eine Stilfigur. Die Wurzeln der Bella Sombra befinden sich zum Teil über der Erde, und sie sind respekteinflößend. Elefantenbeine aus Holz, mit einer Rinde, die tatsächlich der Haut eines sehr alten Elefanten gleicht. Der Name bedeutet schöner Schatten, man kann wunderbar unter ihr lesen, sie hat feine, längliche, spitz zulaufende Blätter und bekommt traubenförmige Blüten, die sich leicht klebrig anfühlen, und in ihren vielen umgedrehten Blattachseln auf diesen Wurzelbeinen schießen einmal pro Saison neue Bella Sombras in die Höhe, kleine grüne Stämmchen, die auf das Licht zustürmen und die man sofort absägen muß, weil man sonst Eigentümer eines Privaturwalds wird.

Schatten ist wunderbar für Menschen, ein Mandelbaum hingegen wartet nicht gerade darauf. Schade, denn meiner hatte ältere Rechte. Er betrachtet die Bella Sombra als Eindringling und blüht jetzt nur noch unter Protest, einmal bin ich im Januar eigens, um dies zu erleben, hingeflogen. Schließlich benötigt der Baum ein Jahr, um die wenigen Mandeln mit ihren filzigen Joseph-Beuys-Hüllen auszubilden und auf den Boden zu werfen, wo sie dann liegenbleiben, bis die Schale platzt und ich sie mit der Geste des erntenden Landmanns aufsammle. Jäten, harken, fegen, gießen, hegen, entlausen, umsetzen, gut zureden, sägen, ausrotten, wegtragen, Hebammendienst und Sterbebegleitung, von dem Tag an, da ich zurück auf der Insel bin, ist das Leben auf einen Schlag völlig anders. In den ersten Wochen muß man ihren Groll darüber, daß man sie verlassen hatte, über sich ergehen lassen, man muß dem Ficus einen Topf mit mehr Lebensraum geben, man muß Steine anschleppen, um die Yucca neu abzustützen. Man muß auch die Toten ins Auto laden und zu dem von der Gemeinde vorgeschriebenen Ort bringen, weil alle Nachbarn es merken, wenn man sie verbotenerweise einfach verbrennt. Man muß auf einer wackligen Leiter versuchen, die Oleaster, die wilden Olivenbäume, die einem über den Kopf wachsen, zurückzuschneiden, weil sie den anderen nicht die Luft zum Atmen gönnen, und man muß die Kriecher und Schmarotzer zwischen den Schuppen der Palmen herauspulen und dabei ganze Insektendörfer zerstören, ein Greuel für den Hindu, der tief in mir steckt. Kurzum, es führt kein Weg daran vorbei: Ich werde dort ein anderer. Dieser Garten ist ein Porträt deiner Seele, hat eine alte Freundin einmal gesagt, und ich fürchte, sie könnte recht haben, bloß – wer hat schon eine Seele mit zwei Palmen?

Auf einem frühen Foto sind sie zu sehen, meine zwei Palmen. Sie gehen mir bis zu den Knien und auch bis zu denen von Hugo Claus, denn er war dabei, als ich sie pflanzte. Ein Datum ist nicht angegeben, jedenfalls sind sie inzwischen so groß, daß sie den ganzen Garten dominieren, ein mächtiges, anspruchsvolles, gefräßiges Zwillingspaar. Sie dulden nichts in ihrer Umgebung und holen sich das Wasser aus großer Tiefe. Einmal im Jahr muß ich die unteren Zweige absägen. Früher ging das leicht, da waren sie noch nicht so lang. Aber schon damals hatten sie dicht am Stamm eine Reihe gemeiner, äußerst scharfer Dolche, die ich einen nach dem anderen abschneide, damit sie beim Hantieren mit den Gartenabfällen niemandem die Hände aufreißen. Den Rest der Zweige teile ich in drei Teile, weil sie sonst nicht zu transportieren sind. Die Müllabfuhr nimmt sie nicht mit, also entsorge ich sie selbst und begegne ihnen noch tagelang auf dem Weg zum Meer, eine Gruppe entmannter und entwaffneter Wedel, die langsam verdorren. Jedes Jahr entferne ich auch die immer höher hängenden orangefarbenen Datteltrauben mit ihren nicht eßbaren Früchten und den schmalen, polierten Stengeln, aus denen man solch elegante Knüppel machen könnte. Beim letztenmal kam ein Nest frisch geborener Ratten mit, die aussahen wie Bonsai-Säue. Ihr Gequieke schien aus großer Ferne zu kommen, obwohl ich das Nest doch in Händen hielt, ein Geräusch, das ich immer noch höre.

Und Tiere? Außer den scheuen Ratten, den Tauben und Amseln auch Möwen und Bussarde, die über meinen Garten fliegen. Manchmal ein seltener Wiedehopf in seiner tropischen Tracht und diesem eigenartigen auf und ab gehenden Flug. Dann und wann eine Schlange, zu klein, um etwas von Äpfeln und Gut und Böse zu sagen, und ansonsten Schildkröten, Eidechsen, Geckos, bedeutungsvolle Spinnen, die an ihren geometrischen Fliegenfallen weben, daumengroße Motten in Pelzmänteln, alle möglichen Käfer, die nichts anderes tun, als sich tapsig zu paaren und sich ständig in den Bereich meines Besens zu verirren. Im Herbst kommt der einsame Vulkanschmetterling, der sich jedes Jahr auf derselben Aeonie niederläßt. Tiere sehen von Generation zu Generation gleich aus, und wer bin ich zu behaupten, es sei ein anderer als im vergangenen Jahr? Wären alle diese Tiere Menschen, so hätte ich einen sagenhaften Sexclub, denn sie kennen keinerlei Scham, alles ist drängende, pulsierende Natur. Am beeindruckendsten sind die Schildkröten, weil sie dabei so ein hohes, jaulendes Geräusch machen. Anfangs wußte ich nicht, was es war, mittlerweile aber renne ich dafür aus dem Haus wie der Vater aller Voyeure, denn was da vor sich geht, ist heroisch. Warum das Männchen kleiner ist, weiß ich nicht, und was sie währenddessen zueinander sagen, auch nicht, doch man sieht, wie er immer wieder versucht, sie zu besteigen, worauf sie boshaft – oder verzweifelt, auch das ist offen – ein paar Schritte vorwärts tut, so daß er wieder herunterrutscht. Er versucht sie – im wahrsten Sinne des Wortes – festzunageln, mit einem krummen Ding, das ich immer für seinen Schwanz gehalten hatte, doch jedesmal, wenn er fast am Ziel ist, macht sie wieder diese fatalen Schritte nach vorn. Wer währenddessen die Arien singt, ist unklar, jedenfalls klingt es schmerzlich und hört erst auf, wenn er sie (oder sie ihn) endlich in eine Ecke zwischen den Steinen der Mauer bugsiert hat, so daß sie nicht mehr wegkann. Das ist dann der Beginn der kleinen Schildkröten, die ich später in der Erde finde. Jetzt weiß ich Bescheid, aber beim erstenmal war der Schreck groß. Wie viele ich habe, weiß ich nicht, allein schon deswegen, weil natürlich nicht ich sie habe, sondern sie mich. Das merke ich vor allem dann, wenn es gnadenlos heiß wird und der Augenblick kommt, da sie ihr Haupt (eine Schildkröte hat keinen Kopf) befehlend zu mir hochrecken. Wasser! Ich spritze etwas auf die Terrasse, und man sieht, wie diese gelehrten Häupter ach so langsam das Lebensnaß von den roten Steinplatten lecken. Danach sieht man sie eine ganze Zeitlang nicht mehr, dann schreiben sie Bücher.

Mein Garten liegt auf dem Weg des Mondes, daran kann ich erkennen, wie lange ich hier schon wohne. Früher rollte der Vollmond über die hintere Mauer und über die großen Kakteen, die solche bizarren Schatten werfen. Jetzt versteckt er sich hinter der Bella Sombra, kommt langsam hinter den wilden Oliven empor und wird erst zwischen den hohen Pinien sichtbar. Wenn ich ihn wirklich betrachten will, muß ich ans Meer, aus dem er groß und golden aufsteigt, oder ich muß noch länger warten, bis alles reglos und still ist und der Mond von ganz oben den Garten versilbert und es für einen Moment so scheint, als könne man dieses Licht trinken.

WLADIMIR KAMINER
Mein Leben im Schrebergarten

Es mag banal klingen, ist aber wahr: Unser wertvollstes Gut sind unsere Erinnerungen. Ohne sie sind wir bloß Gemüse, unfähig zu denken und zu handeln. Der größte Traum jedes vernünftigen Menschen ist es doch, zweimal in denselben Fluss zu steigen, auf die gleiche Harke zu treten, in der gleichen Pfütze zu landen. Wer das nicht tut und nur darüber sinniert, wie sinnlos beziehungsweise unmöglich es ist, sich einem solchen kindischen Traum hinzugeben, ist ein Angsthase.

Doch viele Erinnerungen verblassen mit der Zeit, und die nächste Generation zweifelt sie an oder lacht sogar über sie. Um ihnen mehr Glaubwürdigkeit zu verleihen, braucht man handfeste Beweise, am besten Fotos. Schwarz-weiß ist wunderbar, das macht sie realistisch. Meine Frau und ich haben sehr viele Fotos, die wir getrennt in speziell dafür ausgewählten großen Schuhkartons aufbewahren. Zu jedem Anlass, aber auch ohne, holen wir die Kartons heraus und zeigen uns gegenseitig unsere Bilder. Auf den meisten Fotos, die meiner Frau gehören, sieht man junge, frech gekleidete Langhaarige beiderlei Geschlechts mit Bierflaschen oder Musikinstrumenten in der Hand – alles Dichter, Maler oder Schauspieler. Mit einigen von ihnen hat Olga noch immer Kontakt, aber von den meisten sind Namen und Aufenthaltsorte im Laufe der Zeit verlorengegangen. Eine typische Jugend in der schnöseligen Boheme St. Petersburgs offenbart sich auf diesen Bildern.

Einen anderen Eindruck hinterlassen Fotos, die im Haus ihrer Oma in der tschetschenischen Hauptstadt Grosny geknipst wurden: ein Haus aus Stein, kaum zu sehen hinter den Bäumen und Büschen, drum herum Beete, Weinstöcke, die sich aus der Erde ranken, und Menschen mit bronzener Haut, die lächelnd ihre Harken, Sicheln und andere mir unbekannte landwirtschaftliche Werkzeuge in die Kamera halten. Olgas inzwischen verstorbene Oma ist auch dabei – eine kräftig gebaute alte Frau, stets mit einem weißen Tuch auf dem Kopf und einem Eimer Tomaten oder Kartoffeln in der Hand. Im kaukasischen Obstgarten, zwischen Kirsch- und Aprikosenbäumen, verlief ein beträchtlicher Teil der Kindheit und Jugend meiner Frau.

Diese landwirtschaftliche Seite ihrer Biographie, die Erinnerungen an Omas Garten, ihre Wünsche und Träume, die mit diesen Erinnerungen verbunden sind, sowie meine absolute Unkenntnis in Sachen Gartenarbeit und mein grenzenloses Vertrauen in das wirtschaftliche Treiben meiner Frau innerhalb der Familie trugen dazu bei, dass wir uns eines Tages beim Bezirksverband der Kleingartenkolonie »Glückliche Hütten« anmeldeten. Unser Ziel war, einen Schrebergarten in der Nähe unseres Hauses zu ergattern. Alle Freunde und Bekannten, denen wir davon erzählten, lachten uns aus. Sie räumten uns keine Chance ein, in das letzte Bollwerk des deutschen Spießers, die Kleingartenkolonie, einzudringen.

Die »Glücklichen Hütten« sahen wie eine gutgeschützte

Burg aus: Die Lauben waren mit hohen Zäunen und reichlich Stacheldraht gesichert, und große Hunde hielten in den Gärten Wache. Mit ein paar Kanonen auf den Dächern konnte diese Anlage problemlos gegen jede feindliche Armee der Welt bestehen. Von weitem schienen die Gärten leer, doch wenn man sich einem Grundstück näherte und über den Zaun schaute, sah man sofort das Hinterteil des Besitzers über den Beeten schweben. Was sie da gerade machten, woran sie arbeiteten, war schwer zu begreifen. Sie krochen über ihre Erde, sie pflanzten ein, sie pflanzten aus, gruben, harkten, bewässerten ihren Rasen oder steckten einfach wie Strauße den Kopf in die Erde, wenn sie Fremde bemerkten. Wenn man über den Zaun grüßte, grüßten sie nicht zurück, als wollten sie sagen: Ihr werdet auf euren Platz an der Sonne in dieser Kolonie lange warten müssen, nämlich mein langes Leben lang. Denn alles, was ihr hier seht, jeden Millimeter Erde, haben wir mit Schweiß, Blut und Tränen begossen und zu dem gemacht, was es heute ist – ein Buddelkasten für Erwachsene, die mit ihrer Freizeit in der Großstadt nichts anfangen können.

Ich fand diese Kleingärtnerhaltung stets lächerlich. In der Großstadt Moskau aufgewachsen, hatte ich nie die geringste Neigung zur Gartenarbeit verspürt. Auch die Vorstellung einer eigenen Ernte ließ mich kalt. Das Obst aus dem vietnamesischen Gemüseladen an der Ecke schmeckte mir gut genug. Meine Frau war aber anders gestrickt. Die Erinnerung an den ersten grünen Pfirsich, den sie vor zwanzig Jahren im Garten ihrer Oma vom Baum holte, ist in ihrem Kopf fest steckengeblieben. »Obst, das nicht aus der Kaufhalle, sondern von Bäumen kommt, blühende Kirschen, Apfelbäume, Natur«, träumte sie. Ich unterstützte sie in ihren Träumen, hoffte aber insgeheim, dass wir den Garten nicht bekämen.

Die Leiterin der Aufnahmestelle des Kleingartenvereins, Frau Engel, machte mir Hoffnung. Auf unsere Frage nach den durchschnittlichen Wartezeiten sagte sie, das könne Jahre dauern. Die »Glücklichen Hütten« waren voll, und niemand hatte die Absicht, seinen Buddelkasten unseretwegen aufzugeben.

»Wir werden natürlich nicht wie diese Verrückten jedes Gräslein persönlich umgraben«, träumte meine Frau weiter. »Wir werden uns hübsche Gartenmöbel besorgen und eine Grillanlage im Garten aufstellen. Dann Freunde einladen, zwischen den Rosen sitzen und feiern. Und im August werden wir das Obst ernten und Konfitüre einkochen.«

In ihrem Traum saß sie bereits mit einem großen Hut im Garten, drum herum summten die Hummeln, und die Erde blühte vor ihren Füßen. Ihr Optimismus in dieser Sache gab mir zu denken. Ich wusste aus Erfahrung: Wenn meine Frau sich etwas in den Kopf gesetzt hat, wurde es früher oder später Realität. Olga hatte im OBI-Katalog bereits die Gartenmöbel gefunden, die zu unserem nicht existierenden Grundstück passten. Was soll's?, dachte ich, ich weiß von Schriftstellern, die ihre Werke im Wald geschrieben haben, auf einem Schiff, sogar auf einem Eisberg. Man kann bestimmt auch in einer Schrebergartenkolonie gut leben und arbeiten. Hauptsache, es gibt dort eine Steckdose.

Es geschah an einem herbstlichen Nachmittag, genau genommen am 14182sten Nachmittag meines Lebens. Ich saß gemütlich vor dem Fernseher, das ZDF brachte eine spannende Dokumentation über das Leben der Weinberg-schnecken-Züchter in Frankreich, als plötzlich das Telefon klingelte. Eine unbekannte Frauenstimme verlangte von mir irgendetwas Unverständliches auf Amtsdeutsch: Es ging um den Antrag beziehungsweise Pachtvertrag beim Bezirksverband der Kleingärtner. Ob ich ihn schon gestellt hätte?

»Nein, tut mir leid, Sie haben sich verwählt«, sagte ich und legte schnell auf. Meine Frau kam aus der Küche. Sie wollte wissen, wer da gerade angerufen habe. Keine Ahnung, falsch verbunden, beruhigte ich sie. Zwei Minuten später klingelte das Telefon erneut. Diesmal nahm meine Frau ab. »Hurra!«, rief sie nach einem kurzen Telefonat. »Frau Engel hat einen Schrebergarten anzubieten! Sie lädt uns zu einem Besichtigungstermin ein, am nächsten Sams-tag um acht Uhr früh!« – »Am Sonntag um sieben wäre noch besser«, konterte ich. Doch mein Gift konnte nichts mehr bewirken. Langsam, aber sicher steuerte unsere Fa-milie auf die »Glücklichen Hütten« zu. Kleingärtner, auf-gepasst, die Russen kommen!

Am Samstag regnete es. Im Vereinsgebäude, das wie ein DDR-Museum aussah, tranken zwei Frührentner ihren Kaf-fee. An der Tür hing ein Plakat – Männer, die aussahen wie Frauen. Es war eine Ankündigung: Im Vereinsgebäude der Kleingartenkolonie sollte demnächst ein Transvestiten-Ka-barett stattfinden, und zwar am Vormittag. Warum nicht?, dachte ich. Zu dieser frühen Stunde konnte mich nichts wundern. Frau Engel begrüßte uns wie alte Freunde. Sie hatte tatsächlich etwas für uns. Genau genommen hatte sie sogar drei Gärten anzubieten, gegen einen geringen Abstand selbstverständlich. Ein paar Kleingärtner hatten sich anscheinend überanstrengt und waren gestorben oder weitergezogen, um neue Gartenkolonien zu gründen.

Nach dem Kaffee gingen wir uns die Grundstücke anschauen. Das erste sah nach unberührter Natur aus: ein kleiner schmuddeliger Dschungel mit einer Holzhütte für Onkel Tom in der Mitte. Kein Strom, kein Wasser, keine Rosen, nur Lianen überall. Das zweite Grundstück war uns zu groß und voller Gemüse, mit seinen Kartoffelbeeten konnte man ein ganzes Dorf satt kriegen. Das dritte hatte ein Schild am Gartentor: *Fa. Pflaume. Parzelle 118.* Frau Pflaume, eine Mittfünfzigerin mit Dauerwelle und Brille, wartete mit einer Harke in der Hand am Zaun auf uns. Der Mann von Frau Pflaume sei vor kurzem gestorben, erzählte uns Frau Engel auf dem Weg zum Grundstück, die Kinder seien schon groß und weggezogen. Sie selbst habe keine Kraft, allein den Garten zu bestellen.

Schon von weitem sah man, dass dieses Grundstück lange Zeit den Hauptfamilienschatz der Familie Pflaume darstellte. Auf einer relativ kleinen Fläche von zweihundertvierzehn Quadratmetern hatten hier zwei Menschen versucht, das Paradies im Maßstab 1:1 000 000 auf Erden zu errichten, und das mit Erfolg. Ich wagte kaum, mich zu bewegen. Ein falscher Schritt, und schon hatte man eine Schönheit der Natur plattgemacht. Auf Zehenspitzen liefen wir von einer Ecke des Gartens zur anderen. Freunde hatten uns im Vorfeld gewarnt, nicht gleich ja zu sagen, falls uns irgendein Grundstück gefiel. Man müsste immer erst einmal etwas kritisieren, abwertende Bemerkungen über den

Zustand des Gartens machen und die Anpflanzungen zusammenzählen, um Professionalität zu zeigen und die Abschlagszahlung zu drücken. Wir benahmen uns jedoch wie blutige Anfänger, die sich sofort in das Grundstück verliebt hatten. Schon beim ersten Anblick waren meine Frau und ich uns einig, dass wir dieses Paradies Nr. 118 gerne übernehmen würden.

Auf dem Grundstück stand ein Steinhäuschen mit einem Hochbett, einem Kühlschrank und einer Kaffeemaschine. Wasser und Strom waren vorhanden, an den Wänden hingen alte DDR-Poster. Hinter dem Haus befand sich noch ein abschließbarer Raum, vollgestopft mit landwirtschaftlichen Geräten, deren Zweck mir einstweilen noch unklar war. Manches, was dort an der Wand hing, erinnerte an mittelalterliches Folterwerkzeug.

»Das meiste werden wir gar nicht brauchen«, beruhigte mich meine Frau. »Und wenn schon, dann nur ab und zu mal, zum Spaß. Wir wollen doch keine Bauern werden. Unsere Werkzeuge sind bequeme Gartenmöbel und ein Grill – damit werden wir dieses Paradies perfekt machen«, flüsterte sie mir ins Ohr, während wir mit ernsten Gesichtern weiter im Kreis liefen und jede Ecke inspizierten. Dabei sagten wir zur Tarnung laut »Ah!« und »Oh!«, um bei Frau Pflaume und Frau Engel ein bisschen Eindruck zu machen. In Wirklichkeit hatten wir nicht die geringste Ahnung von den ganzen Pflanzen, wir wussten nicht einmal, wie sie überhaupt auf Deutsch hießen. Ehrlich gesagt wüsste ich nicht einmal die russischen Namen all dieser Pflanzen, außer von Rosen und Tulpen.

Frau Engel stand die ganze Zeit in der Mitte und redete

mit uns Kleingartendeutsch, um das Grundstück aufzuwerten. Frau Pflaume stand neben ihr und schwieg. Sie sah auf die Erde oder blickte zum Himmel, so als würden wir, die Eindringlinge, sie gar nicht interessieren. Hinter dem Haus stand eine Biotoilette. Um nicht ganz als Gartendepp dazustehen, versuchte ich, Frau Engel in ein Gespräch über Biotoiletten zu verwickeln. Besser, als gar nichts zu sagen, dachte ich. Eine Diskussion über Bäume traute ich mir nicht zu.

»Sie müssen eine chemische Flüssigkeit in die untere Kassette der Toilette gießen«, empfahl Frau Engel.

»Und dann?«, ließ ich nicht locker. »Was mache ich, wenn die untere Kassette voll ist? Das Zeug kann sich doch nicht in Luft auflösen. Werden die Kassetten ausgetauscht? Von einem Biotoilettendienst abgeholt? Oder darf man den Inhalt als eine Art selbst erzeugten Naturdünger im eigenen Garten einsetzen?«

Bei der letzten Frage erntete ich einen Blick voller Misstrauen, der meine Kleingartentauglichkeit bei null einfror. Frau Pflaume schaute uns zum ersten Mal an. Die herbstliche Sonne blinkte in ihrem Brillengestell. Es sah so aus, als würde Frau Pflaume weinen. Wir sagten sofort ja zum Grundstück und versprachen, uns um die Blumen und das Häuschen zu kümmern, dann unterschrieben wir und bezahlten. Mir tat Frau Pflaume leid. Ich wusste nicht, weswegen sie geweint hatte. Wegen ihres verstorbenen Mannes, wegen ihrer Lieblingsblumen, wegen uns, oder war es nur die Sonne, die ihr eine Träne hinter die Brille gezaubert hatte? Vielleicht war es eine Träne der Erleichterung? Auf jeden Fall hatten wir Mitleid mit ihr. Sie hatte hier dreißig

Jahre lang geschuftet, wir dagegen wollten nur in Ruhe grillen.

Zu Hause blätterte ich das Übergabeprotokoll durch. Ich wollte mir endlich ein Bild von dem machen, was wir gerade eben gekauft hatten. Laut Unterlagen war ich nun glücklicher Besitzer einer alten, innen und außen verputzten Steinlaube. Das war schon mal gut. Weiter stand da, das Satteldach müsste erneuert und mit Pappe bedeckt werden, die Fundamente wären nicht frostfrei gegründet, es gäbe Wasserschäden in der Vorlaube, und der Zaun wäre verrostet. Das hörte sich alles nicht gut an. Dafür hatte ich einen Kompostbehälter aus Holz und siebenundvierzig Meter Maschendraht geerbt. In meinem Garten wuchsen sechs Apfelbäume, eine Birne, eine Pflaume, mehrere Süß- und Sauerkirschen, Rhabarber, Rhododendron, eine mir völlig unbekannte Forsythie und eine Yuccapalme, die wir wahrscheinlich übersehen hatten. Außerdem Mandelbäumchen, Pfingstrosen, Buschrosen, Farne, Johannisbeeren, Erdbeeren und Stachelbeeren! Diese ganze Pflanzenbande war ab sofort auf uns angewiesen, auf unsere Unterstützung, unser Mitwirken, unsere Gartenarbeit. Meine Vorlaube musste dringend renoviert werden. Schwarze Gedanken gingen mir durch den Kopf … Mensch, worauf hast du dich da eingelassen? Ein Schrebergarten! Eine solche Verantwortung! Konntest du denn nicht weiter wie alle normalen Leute am Falkplatz grillen? Meine innere Stimme quälte mich bis tief in die Nacht. Ich träumte von Obst – viel Obst.

Im bald darauf beginnenden Winter besuchten wir unseren Garten nur dreimal. Einmal, um die Wasseruhren auszuwechseln, und zweimal einfach so, um zu sehen, wie es unseren Bäumen ging. Auf dem Häuschen lag eine dicke Schneeschicht, und ich machte mir Sorgen, ob das Dach bis zum Frühling durchhielt. Zweimal heizte ich den Ofen, um den modrigen Schimmelgeruch aus der Bude zu kriegen. Der Schrebergarten spendete im Winter keinen Trost. Die Pflanzen sahen allesamt tot aus. Ich bereitete mich bereits innerlich auf den Frühling vor. Als Erstes wollte ich den Stacheldraht entsorgen, dieses Überbleibsel des Totalitarismus, dann eine neue Gartentür montieren, das Dach erneuern, ein paar Rosen umpflanzen und dann grillen. Ich suchte und fand in meinem Umfeld einige Freiwillige, die bereit waren, mir dabei zu helfen. Im März sollte die Arbeit losgehen, doch der Frühling ließ auf sich warten.

Auch Ende März lag noch Schnee auf dem Dach, die Kinder fuhren im Mauerpark Schlitten. Der Winter schien endlos. Opa Frost wollte seine Stellung nicht aufgeben, wahrscheinlich aus purer Schadenfreude, um frischgebackene Schrebergartenbesitzer zu quälen.

»Das ist eine Naturkatastrophe, wo bleibt denn nun die globale Erwärmung?«, schimpfte meine Frau.

Eines Tages im April wurden wir von Vogelgesang geweckt, die Sonne strahlte kräftig durch die Gardinen, draußen klingelten Fahrräder, Hunde bellten, der Frühling war da. Für den ersten warmen Sonntag beschlossen wir, eine Einweihungsparty in unserem Garten zu feiern – nur für die engsten Familienmitglieder, keine Gäste, damit uns nicht gleich das ganze frische Gras niedergetrampelt wurde.

Die ersten Insekten summten bereits in der Luft, die ersten Kleingärtnerhintern hingen über den Beeten. Die Gartenmöbel, die meine Frau per Katalog bestellt hatte, passten knapp in unseren kleinen Garten. Meine Eltern, meine Schwiegermutter sowie unsere beiden Kinder waren vom Schrebergarten begeistert, auch wenn sie sich das nicht anmerken ließen. Meine Frau stellte ihnen jede Pflanze einzeln vor.

»Hier sind die Rosen«, sagte sie, »und das da ist eine Sauerkirsche.«

»Und diese kleinen blauen Blümchen?«, fragte meine Mutter.

Tatsächlich waren gleich neben dem Zaun inzwischen viele kleine blaue Blümchen aus der Erde gekommen, die nicht im Übergabeprotokoll vermerkt waren. Niemand von uns wusste, wie sie heißen.

»Das sind Feldblumen«, behauptete meine Frau, »die gibt es überall. Sie heißen ›Vergiss mich‹ oder so ähnlich.«

Die Kinder bauten sich aus zwei muffigen Matratzen ein Zelt neben der Biotoilette und spielten einsame Insel. Unser erster Ausflug in die Natur fing gut an, endete jedoch in einem Desaster. Schuld daran war der neue *Real*-Markt im Gesundbrunnen-Zentrum. Dort gab es ein Regal mit russischen Lebensmitteln: eingelegte Steinpilze, Salzheringe und den berüchtigten Moosbeerenwodka, das Lieblingsgetränk jedes Landmannes. Natürlich kaufte ich eine Flasche für die Familienfeier im Schrebergarten. Ich konnte nicht wissen, dass meine Frau und meine Eltern das gleiche Regal aufgesucht und das gleiche Produkt gekauft hatten. So hatten wir plötzlich drei Flaschen Wodka auf dem Tisch statt einer und nur zwei Trinker, die den Moosbeeren zusprachen – meinen Vater und mich.

Bei einer Einweihungsparty gilt es als schlechtes Omen,

wenn auf dem Tisch etwas übrig bleibt. Das würde sich negativ auf die Fruchtbarkeit des Gartens auswirken. Als abergläubische Menschen gaben wir uns also Mühe bei der Vernichtung der Vorräte. Mit der Folge, dass mein Vater und ich uns so gründlich betranken wie schon seit Jahren nicht mehr. Wir konnten zwar ohne fremde Hilfe sitzen und stehen, aber Gehen ging nicht mehr. Es war Abend geworden und hatte angefangen zu regnen. Die Kinder waren längst mit meiner Schwiegermutter nach Hause gegangen, die Frauen gingen auch, nur mein Vater und ich standen, eng aneinandergerückt wie zwei zusammengewachsene Rhododendronbüsche, mitten auf dem Hauptweg. Die Kleingärtner der benachbarten Grundstücke traten neugierig an den Zaun, sie schmunzelten hinter ihrem Stacheldraht, und einer rief sogar nach seiner Frau, sie sollte die Show nicht verpassen. Die Frau holte daraufhin ihr Hündchen aus dem Haus, auch die Haustiere haben ein Recht auf Spaß. Wir erwiderten die fremden Blicke nicht, wir hielten uns aneinander fest.

»Es ist schön, euch mal wieder in einer solchen Einigkeit zu sehen«, witzelte meine Frau.

Was wächst in deinem Garten?

Hercule Poirot stapelte seine Briefe ordentlich vor sich auf. Dann nahm er den obersten, studierte einen Moment lang den Absender, schlitzte den Umschlag penibel mit einem kleinen Brieföffner auf, den er zu genau diesem Zweck auf dem Frühstückstisch liegen hatte, und zog den Inhalt heraus. Es handelte sich um einen zweiten, sorgfältig mit dunkelrotem Wachs versiegelten Umschlag, der mit der Aufschrift »Privat und vertraulich« versehen war.

Die Augenbrauen an Hercule Poirots eiförmigem Kopf wanderten leicht in die Höhe. »*Patience! Nous allons arriver!*«, murmelte er und brachte den kleinen Brieföffner erneut zum Einsatz. Diesmal kam tatsächlich ein Brief zum Vorschein, geschrieben in einer recht zittrigen und steilen Handschrift. Mehrere Wörter waren dick unterstrichen.

Hercule Poirot faltete ihn komplett auf und begann zu lesen. Er war noch einmal mit »Privat und vertraulich« überschrieben. Rechts standen der Absender – Rosebank, Charman's Green, Bucks – sowie das Datum: 21. März.

Sehr geehrter Monsieur Poirot,
Sie wurden mir von einem alten, geschätzten Freund
empfohlen, der weiß, was für Kummer und Sorgen
ich in letzter Zeit habe. Nicht, dass jener Freund die

konkreten Umstände kennen würde – die habe ich gänzlich für mich behalten, da es sich um eine reine Privatangelegenheit handelt. Mein Freund versichert mir, Sie seien die Diskretion in Person und ich bräuchte nicht zu befürchten, in eine polizeiliche Untersuchung hineingezogen zu werden, was ich, sollte sich mein Verdacht als begründet erweisen, überhaupt nicht gern sähe. Es ist natürlich möglich, dass ich völlig falschliege. Ich habe nicht das Gefühl, dass ich momentan – wo ich an Schlaflosigkeit leide sowie an den Folgen einer schweren Krankheit im letzten Winter – klar genug denken kann, um selbst Nachforschungen anzustellen. Ich habe weder die Möglichkeit noch die Fähigkeit dazu. Andererseits muss ich noch einmal wiederholen, dass dies eine äußerst delikate Familienangelegenheit ist, die ich aus verschiedenen Gründen unter Um-ständen werde vertuschen wollen. Bin ich erst einmal mit den Fakten vertraut, kann ich die Angelegenheit durchaus selbst in die Hand nehmen und würde eine solche Vorgehensweise auch vorziehen. Ich hoffe, ich habe mich in diesem Punkt klar genug ausgedrückt. Sollten Sie bereit sein, diese Ermittlungen zu über-nehmen, würde ich mich freuen, wenn Sie mir unter obiger Adresse Bescheid geben könnten.

Hochachtungsvoll,
Amelia Barrowby

Poirot las den Brief ein zweites Mal. Erneut wanderten seine Augenbrauen in die Höhe. Dann legte er ihn beiseite und griff nach dem nächsten Brief auf dem Stapel.

Punkt 10 Uhr betrat er den Raum, in dem Miss Lemon, seine Privatsekretärin, bereits auf ihre Anweisungen für den Tag wartete. Miss Lemon war achtundvierzig und von wenig ansprechender Erscheinung. Der allgemeine Eindruck, den sie machte, war der eines aufs Geratewohl zusammengewürfelten Haufens von Knochen. Ihre leidenschaftliche Ordnungsliebe war fast so groß wie die von Poirot; und obwohl sie selbstständig zu denken in der Lage war, tat sie es lediglich, wenn sie dazu aufgefordert wurde.

Poirot reichte ihr die morgendliche Post.

»Wenn Sie die Güte hätten, Mademoiselle, sämtliche Schreiben mit einer korrekt formulierten Absage zu beantworten.«

Miss Lemon überflog die Briefe und kritzelte auf jeden irgendwelche Hieroglyphen. Diese privaten Chiffren – »Süßholz«, »Ohrfeige«, »schnurr, schnurr«, »knapp« und so weiter – konnte nur sie entziffern und verstehen. Als sie fertig war, nickte sie und blickte, weitere Anweisungen erwartend, auf.

Poirot reichte ihr Amelia Barrowbys Brief. Sie zog ihn aus dem doppelten Umschlag heraus, las ihn und sah ihren Chef fragend an.

»Ja, Monsieur Poirot?«

Ihr Bleistift schwebte einsatzbereit über ihrem Stenogrammblock.

»Was halten Sie von diesem Brief, Miss Lemon?«

Mit einem leichten Stirnrunzeln legte Miss Lemon den Bleistift beiseite und las den Brief ein zweites Mal.

Der Inhalt eines Briefes war Miss Lemon vollkommen einerlei, sie betrachtete ihn lediglich unter dem Aspekt der adäquaten Formulierung einer Antwort. Hin und wieder appellierte ihr Arbeitgeber allerdings nicht an ihre beruflichen, sondern an ihre menschlichen Fähigkeiten. Es irritierte Miss Lemon jedes Mal ein wenig; sie war nahezu die perfekte Maschine und zeigte für alle menschlichen Belange ein völliges und geradezu glorioses Desinteresse. Die wahre Leidenschaft in ihrem Leben galt der Perfektionierung eines Ablagesystems, neben dem sämtliche anderen Ablagesysteme der Vergessenheit anheimfallen würden. Des Nachts träumte sie von einem derartigen System. Dessen ungeachtet war Miss Lemon jedoch, wie Hercule Poirot sehr genau wusste, durchaus dazu in der Lage, auch in menschlichen Belangen ihre Intelligenz zu beweisen.

»Nun?«, fragte er.

»Alte Dame«, sagte Miss Lemon. »Hat ziemliches Fracksausen.«

»Aha. Sie glauben, sie rennt in einem Frack herum?«

Miss Lemon, die der Ansicht war, Poirot sei mittlerweile lange genug im Land, um umgangssprachliche Redewendungen zu verstehen, gab keine Antwort. Sie warf einen kurzen Blick auf den doppelten Umschlag.

»Streng vertraulich«, sagte sie. »Und dabei vertraut sie einem überhaupt nichts an.«

»Ja«, erwiderte Hercule Poirot. »Das ist mir auch aufgefallen.«

Wieder schwebte Miss Lemons Hand voller Hoffnung über dem Stenogrammblock. Diesmal ging Hercule Poirot darauf ein.

»Sagen Sie ihr, es sei mir eine Ehre, sie zu jedem ihr

genehmen Zeitpunkt aufzusuchen, es sei denn, sie zöge es vor, mich hier zu konsultieren. Aber tippen Sie den Brief nicht – schreiben Sie ihn mit der Hand.«

»Jawohl, Monsieur Poirot.«

Poirot überreichte ihr weitere eingegangene Schreiben.

»Das sind Rechnungen.«

Miss Lemons kompetente Hände hatten sie schnell sortiert.

»Bis auf diese beiden begleiche ich alle.«

»Und warum nicht diese beiden? Sie enthalten keinerlei Fehler.«

»Das sind Firmen, mit denen Sie erst seit Kurzem geschäftlich verkehren. Es macht einen schlechten Eindruck, als neuer Kunde prompt zu zahlen – das erweckt den Anschein, als hätte man es darauf abgesehen, später einen Kredit zu bekommen.«

»Aha«, murmelte Poirot. »Ich verneige mich vor Ihrer umfassenden Kenntnis der britischen Geschäftswelt.«

»Es gibt kaum etwas, was ich nicht darüber weiß«, sagte Miss Lemon mit grimmiger Miene.

Der Brief an Miss Amelia Barrowby wurde ordnungsgemäß geschrieben und aufgegeben, doch die Antwort blieb aus. Vielleicht, dachte Hercule Poirot, hatte die alte Dame das Geheimnis selbst gelöst. Dennoch war er ein klein wenig überrascht, dass sie in diesem Fall nicht die Höflichkeit besessen hatte, ihn davon in Kenntnis zu setzen, dass seine Dienste nicht mehr benötigt würden.

Fünf Tage später sagte Miss Lemon, nachdem sie ihre morgendlichen Anweisungen erhalten hatte:

»Diese Miss Barrowby, der wir geschrieben haben – kein Wunder, dass sie nicht antwortet. Sie ist tot.«

»Ach, tot«, erwiderte Hercule Poirot leise. Es klang eher wie eine Antwort als wie eine Frage.

Miss Lemon öffnete ihre Handtasche und zog einen Zeitungsausschnitt hervor.

»Ich habe es in der U-Bahn gesehen und herausgerissen.«

Anerkennend registrierte Poirot, dass Miss Lemon zwar das Wort »herausgerissen« benutzt, die Meldung jedoch säuberlich mit der Schere ausgeschnitten hatte, und studierte die Anzeige aus der Rubrik »Geburten, Todesfälle und Eheschließungen« der *Morning Post*:

Am 26. März verstarb völlig unerwartet im Alter von 72 Jahren Amelia Jan Barrowby in Rosebank, Charman's Green. Wir bitten, von Blumen abzusehen.

Poirot las es ein zweites Mal.

»Völlig unerwartet«, murmelte er in seinen Bart. Dann sagte er mit energischer Stimme: »Wenn Sie so freundlich wären, einen Brief aufzunehmen, Miss Lemon.«

Der Bleistift schwebte. Miss Lemon, deren Gedanken bei den Feinheiten ihres Ablagesystems weilten, nahm schnell und korrekt folgendes Stenogramm auf:

Sehr geehrte Miss Barrowby,
obwohl ich noch keine Antwort von Ihnen erhalten habe, werde ich Sie, da ich am Freitag in der Nähe von

Charman's Green weile, an diesem Tag aufsuchen, um
die in Ihrem Brief erwähnte Angelegenheit näher zu
besprechen.

Hochachtungsvoll usw.

»Diesen Brief tippen Sie bitte; wenn er umgehend aufgegeben wird, müsste er noch heute Abend in Charman's Green sein.«

Am folgenden Morgen traf mit der zweiten Post ein schwarz umrandeter Brief ein:

Sehr geehrter Mr Poirot,
in Beantwortung Ihres Schreibens an meine Tante,
Miss Barrowby, muss ich Ihnen leider mitteilen, dass
sie am 26. verstorben ist, womit sich die von Ihnen er-
wähnte Angelegenheit erledigt hat.

Hochachtungsvoll,
Mary Delafontaine

Poirot lächelte in sich hinein.

»Erledigt hat … Na, das werden wir erst noch sehen. *En avant* – auf nach Charman's Green.«

Rosebank machte den Eindruck, als würde es seinem Namen alle Ehre machen, was mehr ist, als sich von den meisten Häusern dieser Art und dieses Formats behaupten lässt.

Auf dem Weg zur Eingangstür hielt Hercule Poirot inne und blickte anerkennend auf die sauber angelegten Beete zu beiden Seiten: Rosenstöcke, die in einigen Monaten eine reiche Blüte versprachen, bereits blühende Osterglocken, frühe Tulpen, blaue Hyazinthen, deren Beet zum Teil von Muschelschalen eingefasst war.

»Wie geht er noch mal, dieser englische Reim, den die Kinder immer singen?«, murmelte Poirot vor sich hin.

»Mistress Mary, du Widerborst,
was wächst in deinem Garten?
Silberglöckchen und Muschelschalen
und hübsche Mädchen aller Arten.«

Vielleicht nicht aller Arten, dachte er, aber zumindest ein hübsches Mädchen sorgt ja jetzt doch dafür, dass sich der kleine Vers bewahrheitet.

Die Haustür hatte sich geöffnet, und ein adrettes kleines Dienstmädchen in Schürze und Häubchen beobachtete ein wenig skeptisch das Schauspiel, das ein auffallend schnurrbärtiger, laute Selbstgespräche führender fremdländischer Gentleman im Vorgarten ablieferte. Sie selbst war, wie Poirot bemerkt hatte, ein sehr hübsches Mädchen mit runden blauen Augen und rosigen Wangen.

Höflich lüftete Poirot den Hut.

»Pardon«, sagte er, »aber wohnt hier eine gewisse Miss Amelia Barrowby?«

Dem Mädchen stockte der Atem, und ihre Augen wurden noch runder.

»Oh, Sir, wissen Sie es denn nicht? Sie ist tot. Ganz plötzlich ist es passiert. Dienstagabend.«

Sie zögerte, hin- und hergerissen zwischen zwei starken Empfindungen: einerseits dem Misstrauen gegenüber einem Ausländer, andererseits dem genüsslichen Vergnügen, das es ihrer Schicht bereitet, sich mit dem Thema Krankheit und Tod zu beschäftigen.

»Sie versetzen mich in Erstaunen«, erwiderte Hercule Poirot, was nicht unbedingt der Wahrheit entsprach. »Ich hatte heute eine Verabredung mit der Dame. Vielleicht könnte ich dann mit der anderen Dame sprechen, die hier wohnt?«

Das Mädchen schien ein klein wenig unsicher.

»Mit der Hausherrin? Nun, Sie könnten vielleicht schon mit ihr sprechen, aber ich weiß nicht, ob die Herrin irgendjemanden empfängt oder nicht.«

»Sie wird mich empfangen«, sagte Poirot und reichte ihr seine Visitenkarte.

Die Autorität in seiner Stimme zeigte Wirkung. Das rotwangige Mädchen wich zurück und geleitete Poirot in den rechts von der Eingangshalle gelegenen Salon. Dann ging sie, seine Karte in der Hand, die Hausherrin holen.

Hercule Poirot blickte sich um. Er befand sich in einem traditionell eingerichteten Salon: hellbeige Tapeten mit einem Zierstreifen als Abschluss, auf den Sesseln farblich undefinierbare Cretonnebezüge, rosafarbene Kissen und Vorhänge, Unmengen von Porzellanfiguren und Nippes. Nichts in dem Raum stach hervor, nichts deutete auf eine ausgeprägte Persönlichkeit der Hausherrin hin.

Plötzlich spürte Poirot, der sehr feinfühlig war, dass ihn jemand beobachtete. Er wirbelte herum. In der Terrassentür stand ein Mädchen, ein kleines, bleiches Mädchen mit pechschwarzen Haaren und misstrauischen Augen.

Sie kam herein, und als sich Poirot leicht verbeugte, platzte es schroff aus ihr heraus:

»Warum sind Sie hier?«

Poirot antwortete nicht. Er hob lediglich die Augenbrauen.

»Sie sind kein Anwalt, nein?« Ihr Englisch war zwar gut, aber für eine Engländerin hätte man sie trotzdem keine Sekunde lang gehalten.

»Warum sollte ich ein Anwalt sein, Mademoiselle?«

Das Mädchen starrte ihn missmutig an.

»Ich dachte, Sie wären vielleicht einer. Ich dachte, Sie wären womöglich hergekommen, um mir zu erklären, dass sie nicht wusste, was sie tat. Von so was habe ich nämlich schon gehört – die unzulässige Beeinflussung. So nennt man das, nein? Aber das stimmt nicht. Sie wollte, dass ich das Geld bekomme, und ich werde es bekommen. Wenn es notwendig ist, nehme ich mir selbst einen Anwalt. Das Geld gehört mir. So hat sie es aufgeschrieben, und so soll es auch sein.«

Mit ihrem vorgestreckten Kinn und den funkelnden Augen sah sie jetzt regelrecht hässlich aus.

Die Tür ging auf, eine große Frau trat ein und sagte: »Katrina.«

Das Mädchen fuhr zusammen, errötete, murmelte etwas und ging durch die Terrassentür nach draußen.

Poirot wandte sich der Frau zu, die die Situation mit einem einzigen Wort wieder ins Lot gebracht hatte. In ihrer Stimme hatte Autorität gelegen sowie Verachtung und eine Spur vornehme Ironie. Ihm war sofort klar, dass er die Dame des Hauses vor sich hatte, Mary Delafontaine.

»Monsieur Poirot? Ich hatte Ihnen geschrieben. Sie scheinen meinen Brief nicht erhalten zu haben.«

»Leider nein, ich war kurzzeitig nicht in London.«

»Aha, das erklärt es. Darf ich mich vorstellen? Mein Name ist Delafontaine. Das ist mein Mann. Miss Barrowby war meine Tante.«

Mr Delafontaine war so leise hereingekommen, dass Poirot es überhaupt nicht bemerkt hatte. Er war ein großer, grauhaariger Mann mit einem undefinierbaren Gebaren, der die Angewohnheit hatte, sich nervös am Kinn herumzufingern. Oft blickte er zu seiner Frau hinüber; es war unverkennbar, dass er von ihr erwartete, in Gesprächen die Initiative zu ergreifen.

»Ich bedaure sehr, Sie in Ihrer Trauer zu stören«, sagte Hercule Poirot.

»Mir ist klar, dass Sie keine Schuld daran trifft«, erwiderte Mrs Delafontaine. »Meine Tante starb am Dienstagabend, und zwar völlig unerwartet.«

»Absolut unerwartet«, sagte Mr Delafontaine. »Schwerer Schlag.«

Sein Blick war auf die Terrassentür gerichtet, durch die das Mädchen verschwunden war.

»Ich bitte um Entschuldigung«, sagte Hercule Poirot. »Ich werde mich zurückziehen.«

Er machte einen Schritt auf die Tür zu.

»Einen Moment«, sagte Mr Delafontaine. »Sie, äh, hatten einen Termin mit Tante Amelia, sagten Sie?«

»*Parfaitement.*«

»Vielleicht können Sie uns erklären, worum es gehen sollte«, sagte seine Frau. »Wenn wir Ihnen irgendwie behilflich …«

»Es war eine Privatangelegenheit«, fiel Poirot ihr ins Wort. »Ich bin Detektiv«, fügte er knapp hinzu.

Mr Delafontaine stieß die kleine Porzellanfigur um, mit der er gespielt hatte. Seine Frau wirkte verwirrt.

»Detektiv? Und Sie hatten einen Termin mit Tantchen? Wie merkwürdig!« Sie starrte ihn an. »Können Sie uns nicht ein bisschen mehr erzählen, Monsieur Poirot? Es, es klingt einfach ungeheuerlich.«

Poirot schwieg einen Augenblick. Er wählte seine Worte mit Bedacht.

»Es fällt mir nicht leicht, Madame, mich zu entscheiden, was ich tun soll.«

»Hören Sie«, sagte Mr Delafontaine. »Sie hat nicht etwa irgendwelche Russen erwähnt, oder?«

»Russen?«

»Ja, Sie wissen schon – Bolschewisten, Rote und dergleichen.«

»Sei nicht albern, Henry«, sagte seine Frau. Mr Delafontaine gab sofort klein bei:

»Tut mir leid, tut mir leid – ich war nur neugierig.«

Mary Delafontaine sah Poirot offen an. Ihre Augen waren leuchtend blau – blau wie Vergissmeinnicht.

»Wenn Sie uns irgendetwas sagen können, Monsieur Poirot, dann wäre ich Ihnen sehr verbunden. Ich versichere Ihnen, ich habe einen, einen Grund für meine Bitte.«

Mr Delafontaine wirkte beunruhigt.

»Sei vorsichtig, altes Mädchen – du weißt, da ist vielleicht überhaupt nichts dran.«

Diesmal brachte seine Frau ihn mit einem Blick zum Schweigen.

»Also, Monsieur Poirot?«

Langsam und ernst schüttelte Hercule Poirot den Kopf.

Er schüttelte ihn mit sichtlichem Bedauern, aber er schüttelte ihn.

»Ich fürchte, Madame«, sagte er, »zum gegenwärtigen Zeitpunkt kann ich Ihnen nichts sagen.«

Er verneigte sich, nahm seinen Hut und ging in Richtung Tür. Mary Delafontaine begleitete ihn in die Eingangshalle. Vor der Haustür hielt er inne und sah sie an.

»Sie lieben Ihren Garten, nicht wahr, Madame?«

»Ich? Ja, ich arbeite viel im Garten.«

»Je vous fais mes compliments.«

Erneut verneigte er sich und schritt zum Tor. Als er das Anwesen verlassen und sich nach rechts gewandt hatte, warf er einen Blick zurück und registrierte zwei Dinge: ein bleiches Gesicht, das ihn von einem Fenster im ersten Stock beobachtete, und einen Mann, der in aufrechter, soldatischer Haltung auf der gegenüberliegenden Straßenseite auf und ab ging.

Hercule Poirot nickte.

»Definitivement«, sagte er bei sich. »In diesem Loch steckt eine Maus! Welchen Zug macht jetzt wohl die Katze?«

Er entschied sich, zur nächsten Post zu gehen. Dort führte er mehrere Telefonate. Das Ergebnis schien ihn zufriedenzustellen. Er lenkte seine Schritte zum Polizeirevier von Charman's Green, wo er nach Inspector Sims fragte.

Inspector Sims war ein großer, kräftiger, jovialer Mann.

»Monsieur Poirot?«, fragte er. »Das dachte ich mir schon. Gerade hat mich der Chief Constable Ihretwegen angerufen. Er meinte, Sie würden vorbeischauen. Kommen Sie mit in mein Büro.«

Er schloss die Tür, bot Poirot einen Sessel an, setzte sich ebenfalls und musterte seinen Besucher scharf.

»Sie lassen aber wirklich nichts anbrennen, Monsieur Poirot. Sind wegen dieses Rosebank-Falls hier, noch ehe uns richtig bewusst ist, dass wir es überhaupt mit einem Fall zu tun haben. Was hat Sie denn darauf gebracht?«

Poirot holte den Brief hervor, den er erhalten hatte, und reichte ihn dem Inspector, der ihn mit einigem Interesse durchlas.

»Interessant«, sagte er. »Das Problem ist, dass das alles und nichts heißen kann. Schade, dass sie sich nicht ein bisschen deutlicher ausgedrückt hat. Das würde uns jetzt sehr helfen.«

»Oder aber es wäre gar keine Hilfe nötig.«

»Wie meinen Sie das?«

»Vielleicht wäre sie noch am Leben.«

»So weit gehen Sie also, ja? Hm, damit mögen Sie nicht einmal unrecht haben.«

»Ich bitte Sie, Inspector, schildern Sie mir den Sachverhalt. Ich weiß überhaupt nichts.«

»Das ist schnell getan. Dienstag nach dem Abendessen wurde der alten Dame übel. Höchst beunruhigend. Schüttelkrämpfe, Spasmen und Ähnliches. Der Arzt wurde gerufen. Als er eintraf, war sie bereits tot. Es hieß, sie sei an einer Art Anfall gestorben. Ihm gefiel die Sache allerdings nicht. Er druckste herum und schmierte den Angehörigen ein bisschen Honig ums Maul, machte ihnen jedoch klar, dass er keinen Totenschein ausstellen könne. Was die Familie angeht, ist das der Stand der Dinge. Sie warten jetzt auf das Obduktionsergebnis. Wir sind bereits ein Stückchen weiter. Der Arzt hat uns sofort informiert – er und der Rechtsmediziner haben die Obduktion gemeinsam durchgeführt, und das Ergebnis lässt keinen Zweifel zu: Die alte Dame starb an einer hohen Dosis Strychnin.«

»Aha!«

»Genau. Äußerst üble Sache. Die Frage ist, wer hat es ihr gegeben? Es muss ihr ganz kurz vor ihrem Tod verabreicht worden sein. Zuerst dachte man, es müsse in ihrem Abendessen gewesen sein – aber das scheint, ehrlich gesagt, eine Luftnummer zu sein. Es gab Artischockensuppe aus einer Terrine, Fischauflauf und Apfeltorte.«

»Und wer war beim Essen alles dabei?«

»Miss Barrowby, Mr Delafontaine und Mrs Delafontaine. Miss Barrowby hatte eine Art Pflegerin, die zur Hälfte Russin ist, aber sie hat nicht mit der Familie zusammen gegessen. Sie aß immer die Reste, die aus dem Speisezimmer kamen. Es gibt noch ein Dienstmädchen, das aber an dem Abend frei hatte. Es ließ die Suppe auf dem Herd und den Fischauflauf im Ofen, und die Apfeltorte war fertig. Alle drei aßen das Gleiche – und außerdem glaube ich nicht, dass man jemandem auf diese Art Strychnin verabreichen kann. Das Zeug ist bitter wie Galle. Der Arzt meinte, man könne es selbst in einer Verdünnung von eins zu tausend oder irgend so was noch herausschmecken.«

»Kaffee?«

»Kaffee ginge schon eher, aber die alte Dame trank keinen Kaffee.«

»Verstehe. Ja, eine scheinbar unüberwindliche Schwierigkeit. Was hat sie zum Essen getrunken?«

»Wasser.«

»Das wird ja immer schlimmer.«

»Eine ganz schön harte Nuss, was?«

»Hatte die alte Dame Geld?«

»Sehr gut situiert, nehme ich an. Natürlich kennen wir noch nicht die genauen Einzelheiten. Die Delafontaines sind, soweit ich das beurteilen kann, ziemlich knapp bei Kasse. Die alte Dame hatte ihnen beim Unterhalt des Hauses geholfen.«

Poirot lächelte.

»Sie verdächtigen also die Delafontaines«, sagte er. »Und wen von den beiden?«

»Ich sage nicht unbedingt, dass ich einen der beiden besonders verdächtige. Aber es ist nun mal so: Sie sind ihre einzigen nahen Verwandten, und bei ihrem Tod bekommen sie ein hübsches Sümmchen, da bin ich mir sicher. Wir wissen doch alle, wie die Menschen sind!«

»Manchmal unmenschlich – ja, das stimmt. Und sonst hat die alte Dame nichts gegessen oder getrunken?«

»Na ja, genau genommen …«

»Ah, *voilà*! Ich habe schon die ganze Zeit das Gefühl gehabt, Sie hätten, wie man hierzulande sagt, noch etwas im Ärmel. Die Suppe, der Fischauflauf, die Apfeltorte – eine *bêtise*! Jetzt kommen wir zum springenden Punkt.«

»Da bin ich mir nicht sicher. Aber jedenfalls hat das alte Mädchen vor den Mahlzeiten stets eine Kapsel eingenommen. Verstehen Sie, keine Pille oder Tablette, sondern eins von diesen Oblatenpapierdingern mit einem Pulver drin. Irgendetwas absolut Harmloses für die Verdauung.«

»Vortrefflich. Nichts einfacher, als so eine Kapsel mit Strychnin zu füllen und gegen eine normale auszutauschen.

Man spült sie mit einem Schluck Wasser hinunter und schmeckt nichts.«

»Stimmt. Das Problem ist, das Mädchen hat sie ihr gegeben.«

»Das russische Mädchen?«

»Ja. Katrina Rieger. Sie war für Miss Barrowby eine Art Haustochter, Pflegerin und Gesellschafterin. Wurde von ihr auch, so wie ich das sehe, ziemlich herumkommandiert. Holen Sie dies, holen Sie das, holen Sie jenes, massieren Sie mir die Schultern, geben Sie mir meine Medizin, gehen Sie mal schnell zur Apotheke – solche Sachen halt. Sie wissen ja, wie alte Damen sind – sie wollen nett sein, brauchen aber in Wirklichkeit einen Sklaven!

Sehen Sie, und das wär's auch schon«, fuhr Inspector Sims fort. »Da passt nichts wirklich zusammen. Warum sollte das Mädchen sie vergiften wollen? Miss Barrowby stirbt, und jetzt hat das Mädchen keine Arbeit mehr, und Arbeit zu finden ist nicht leicht – sie hat ja keine Ausbildung oder so.«

»Trotzdem«, wandte Poirot ein, »wenn die Kapseln irgendwo herumgelegen haben, hätte jeder im Haus die Gelegenheit gehabt.«

»Natürlich ziehen wir Erkundigungen ein – im Stillen, verstehen Sie. Wann das Medikament zum letzten Mal zubereitet wurde, wo es normalerweise aufbewahrt wurde – Geduld und eine Menge Kleinarbeit werden letztlich zum Erfolg führen. Und dann wäre da noch Miss Barrowbys Anwalt. Den befrage ich morgen. Und den Filialleiter ihrer Bank. Es gibt noch einiges zu tun.«

Poirot erhob sich.

»Bitte, nur einen kleinen Gefallen, Inspector Sims: Geben Sie mir Nachricht, wie die Sache weitermarschiert. Ich würde es als eine große Gefälligkeit erachten. Hier ist meine Telefonnummer.«

»Aber gewiss doch, Monsieur Poirot. Zwei Köpfe sind besser als einer, und außerdem sollten Sie mit von der Partie sein, wo Sie doch den Brief bekommen haben und so.«

»Zu freundlich, Inspector.«

Höflich schüttelte Poirot ihm die Hand und verabschiedete sich. Am darauffolgenden Nachmittag bekam er einen Anruf.

»Spreche ich mit Monsieur Poirot? Inspector Sims hier. Es gibt ein paar hübsche neue Entwicklungen in der kleinen Angelegenheit, von der wir beide wissen.«

»Wahrhaftig? Ich bitte Sie inständig, erzählen Sie doch.«

»Also, hier ist Punkt eins – ein ziemlich wichtiger Punkt. Miss B. hat ihrer Nichte eine kleine Erbschaft hinterlassen, alles andere geht an K. Als Dank für ihre große Hilfsbereitschaft und Zuvorkommenheit, wie es wortwörtlich hieß. Das rückt die Sache natürlich in ein anderes Licht.«

Vor Poirots innerem Auge tauchte sofort ein Bild auf. Ein missmutiges Gesicht und die leidenschaftlichen Worte: »Das Geld gehört mir. So hat sie es aufgeschrieben, und so soll es auch sein.« Für Katrina war die Erbschaft also keine Überraschung, sie hatte schon vorher davon gewusst.

»Punkt zwei«, fuhr Inspector Sims fort. »Niemand außer K. hatte diese Kapseln in der Hand.«

»Da sind Sie sich ganz sicher?«

»Das Mädchen streitet es selbst nicht ab. Was sagen Sie dazu?«

»Äußerst interessant.«

»Jetzt brauchen wir nur noch eins: einen eindeutigen Hinweis darauf, wie sie an das Strychnin gekommen ist. Das sollte nicht allzu schwierig sein.«

»Aber noch haben Sie nichts?«

»Ich habe gerade erst mit den Ermittlungen begonnen. Die Untersuchung durch den Coroner war heute Morgen.«

»Was geschah dort?«

»Wurde um eine Woche vertagt.«

»Und die junge Dame, K.?«

»Ich nehme sie wegen Tatverdachts fest. Will kein Risiko eingehen. Vielleicht hat sie hier irgendwelche zwielichtigen Freunde, die versuchen würden, sie außer Landes zu bringen.«

»Nein«, sagte Poirot. »Ich glaube nicht, dass sie hier Freunde hat.«

»Wirklich? Wie kommen Sie darauf, Monsieur Poirot?«

»Ist nur so eine Vermutung. Gibt es noch andere ›Punkte‹, wie Sie es nennen?«

»Nichts wirklich Relevantes. Miss B. scheint in letzter Zeit ein bisschen an der Börse herumgespielt zu haben – muss ein hübsches Sümmchen verloren haben. Ist irgendwie ziemlich komisch, aber ich kann mir nicht vorstellen, dass da ein Zusammenhang besteht – jedenfalls im Augenblick noch nicht.«

»Nein, da haben Sie wahrscheinlich recht. Also, allerbesten Dank. Sehr freundlich von Ihnen, mich anzurufen.«

»Keine Ursache. Ich stehe zu meinem Wort. Hab doch gesehen, dass die Sache Sie interessiert. Wer weiß, vielleicht können Sie mir bei der Lösung des Falles noch behilflich sein.«

»Das wäre mir ein großes Vergnügen. Zum Beispiel könnte es Ihnen durchaus helfen, wenn es mir gelingen würde, einen Freund dieser Katrina aufzustöbern.«

»Ich dachte, Sie hätten gerade gesagt, dieses Mädchen habe keine Freunde«, sagte Inspector Sims verblüfft.

»Da habe ich mich geirrt«, sagte Hercule Poirot. »Einen hat sie.« Ehe der Inspector weitere Fragen stellen konnte, legte Poirot auf. Mit ernster Miene ging er in den Raum hinüber, in dem Miss Lemon an ihrer Schreibmaschine saß. Als ihr Arbeitgeber näher trat, nahm sie die Finger von den Tasten und sah ihn fragend an.

»Ich möchte«, sagte Poirot, »dass Sie sich eine kleine Geschichte vorstellen.«

Resigniert ließ Miss Lemon die Hände in den Schoß sinken. Es machte ihr Spaß, an der Schreibmaschine zu arbeiten, Rechnungen zu begleichen, Schriftstücke abzuheften und Termine einzutragen. Sich in irgendwelche hypothetischen Situationen versetzen zu müssen langweilte sie über alle Maßen, doch sie akzeptierte es, wenn auch nur als unangenehmen Teil ihrer Pflichten.

»Sie sind ein russisches Mädchen«, begann Poirot.

»Ja«, sagte Miss Lemon, wirkte allerdings extrem britisch.

»Sie sind allein in diesem Land und haben keine Freunde. Aus bestimmten Gründen wollen Sie nicht nach Russland zurückkehren. Sie arbeiten als eine Art Sklavin, als Pflegerin und Gesellschafterin einer alten Dame. Sie sind lammfromm und verrichten klaglos ihren Dienst.«

»Ja«, sagte Miss Lemon gehorsam, konnte sich jedoch

überhaupt nicht vorstellen, irgendeiner alten Dame gegenüber lammfromm zu sein.

»Die alte Dame findet Gefallen an Ihnen. Sie beschließt, Ihnen ihr Geld zu hinterlassen. Sie sagt es Ihnen auch.« Poirot hielt inne.

Wieder antwortete Miss Lemon mit einem Ja.

»Und dann findet die alte Dame etwas heraus: Vielleicht geht es um Geld – möglicherweise merkt sie, dass Sie nicht ehrlich zu ihr waren. Oder es ist etwas noch Ernsteres: Ein Medikament hat anders geschmeckt, ein Gericht ist ihr nicht bekommen. Jedenfalls wird sie misstrauisch und schreibt einen Brief an einen äußerst berühmten Detektiv – *enfin*, an den allerberühmtesten Detektiv überhaupt, nämlich an mich! Ich solle sie binnen Kurzem aufsuchen. Dann würde, wie man hierzulande sagt, das Bratenfett natürlich ins Feuer tropfen. Das Entscheidende ist also, schnell zu handeln. Und noch ehe der große Detektiv eintrifft – ist die alte Dame tot. Und das Geld geht an Sie … Sagen Sie, kommt Ihnen das plausibel vor?«

»Ziemlich plausibel«, sagte Miss Lemon. »Das heißt, für eine Russin ziemlich plausibel. Ich persönlich würde nie eine Stelle als Gesellschafterin annehmen. Ich mag es, wenn meine Aufgaben klar definiert sind. Und natürlich würde ich nicht im Traum daran denken, jemanden umzubringen.«

Poirot seufzte.

»Wie sehr ich doch meinen Freund Hastings vermisse. Er hatte so viel Phantasie. So ein romantisches Gemüt. Es stimmt schon, er hat sich jedes Mal die falsche Lösung zusammenphantasiert – aber selbst das war schon ein guter Anhaltspunkt.«

Miss Lemon schwieg. Sehnsuchtsvoll blickte sie auf das Blatt Papier vor sich.

»Es kommt Ihnen also plausibel vor«, sagte Poirot sinnierend.

»Ihnen nicht?«

»Ich fürchte fast, doch«, seufzte Poirot.

Das Telefon läutete, und Miss Lemon ging ins Nebenzimmer, um den Anruf entgegenzunehmen. Sie kam zurück und meinte:

»Es ist noch einmal Inspector Sims.«

Poirot eilte an den Apparat.

»*Allô, allô?* Was sagen Sie da?«

Sims wiederholte seine Worte:

»Wir haben im Zimmer des Mädchens ein Päckchen Strychnin gefunden – unter der Matratze. Der Sergeant brachte eben die Nachricht. Ich glaube, damit ist die Sache mehr oder weniger klar.«

»Ja«, sagte Poirot. »Ich glaube, damit ist die Sache klar.« Seine Stimme hatte sich verändert. Plötzlich klang sie zuversichtlich. Als er aufgelegt hatte, setzte er sich an seinen Schreibtisch, rückte mechanisch sämtliche Gegenstände zurecht und murmelte vor sich hin:

»Irgendetwas stimmte da nicht. Ich konnte es spüren – nein, nicht spüren. Sehen, ich muss etwas gesehen haben. *En avant*, ihr kleinen grauen Zellen. Grübelt, denkt nach. War alles logisch und schlüssig? Das Mädchen, ihre Angst um das Geld; Madame Delafontaine; ihr Mann und seine Frage wegen der Russen – schwachsinnig, aber er ist auch ein Schwachkopf; das Zimmer; der Garten – ah! Genau, der Garten.«

Poirot setzte sich auf. Seine Augen leuchteten grün. Er sprang auf und ging ins Nebenzimmer.

»Miss Lemon, hätten Sie die Freundlichkeit, mit Ihrer gegenwärtigen Arbeit aufzuhören und Nachforschungen für mich anzustellen?«

»Nachforschungen, Monsieur Poirot? Ich fürchte, ich bin nicht besonders gut –« Poirot unterbrach sie.

»Sie haben einmal gesagt, Sie wüssten alles über die Geschäftswelt.«

»Allerdings tue ich das«, erwiderte Miss Lemon voller Selbstvertrauen.

»Dann ist die Sache einfach. Sie begeben sich nach Charman's Green und machen einen Fischhändler ausfindig.«

»Einen Fischhändler?«, fragte Miss Lemon verblüfft.

»Genau. Den Fischhändler, der Rosebank mit Fisch beliefert hat. Und wenn Sie ihn gefunden haben, stellen Sie ihm eine ganz bestimmte Frage.«

Er reichte ihr einen Zettel. Miss Lemon nahm ihn entgegen, las ihn ohne großes Interesse, nickte und klappte den Deckel über ihre Schreibmaschine.

»Wir fahren zusammen nach Charman's Green«, sagte Poirot. »Sie gehen zum Fischhändler und ich zur Polizei. Von der Baker Street ist es nur eine halbe Stunde.«

Als er auf dem Revier ankam, wurde er von einem überraschten Inspector Sims begrüßt.

»Na, das nenne ich fix, Monsieur Poirot. Wir haben doch erst vor einer Stunde telefoniert.«

»Ich habe eine Bitte an Sie, und zwar, dass Sie mir gestatten, mit diesem Mädchen zu sprechen, dieser Katrina – wie heißt sie weiter?«

»Katrina Rieger. Nun, dagegen ist wohl nichts einzuwenden.«

Katrina wirkte bleicher und missmutiger denn je.

»Mademoiselle«, sagte Poirot sehr sanft, »Sie müssen mir glauben, dass ich nicht Ihr Feind bin. Sie müssen mir die Wahrheit sagen.«

Ihre Augen blitzten trotzig auf.

»Ich habe Ihnen die Wahrheit gesagt. Allen habe ich die Wahrheit gesagt! Wenn die alte Dame vergiftet wurde, dann wurde sie nicht von mir vergiftet. Das ist alles ein Irrtum. Sie wollen verhindern, dass ich das Geld bekomme.«

Ihre Stimme klang krächzend. Sie sah, fand er, wie eine erbärmliche, in die Enge getriebene kleine Ratte aus.

»Hat sie außer Ihnen niemand in der Hand gehabt?«

»Das habe ich doch gesagt, oder? Sie wurden am selben Nachmittag in der Apotheke hergestellt. Ich trug sie in meiner Tasche nach Hause – direkt vor dem Abendessen. Ich habe die Schachtel aufgemacht und Miss Barrowby eine davon zusammen mit einem Glas Wasser gegeben.«

»Niemand außer Ihnen hat sie angefasst?«

»Nein.«

Eine in die Enge getriebene Ratte – mit Courage!

»Und Miss Barrowby aß nur das zu Abend, was man uns erzählt hat? Die Suppe, den Fischauflauf, die Torte?«

»Ja.«

Ein hoffnungsloses Ja – dunkle, glühende Augen, die nirgendwo einen Hoffnungsschimmer sahen.

Poirot klopfte ihr auf die Schulter.

»Seien Sie guten Mutes, Mademoiselle. Es ist durchaus

möglich, dass Sie die Freiheit erwartet – ja, und Geld, ein Leben der Muße.«

Sie blickte ihn misstrauisch an.

Als sie hinausging, meinte Sims:

»Ich habe nicht genau verstanden, was Sie am Telefon sagten – irgendwas von wegen, dass das Mädchen doch einen Freund hat.«

»Hat sie auch. Mich!«, erwiderte Hercule Poirot und hatte das Polizeirevier bereits verlassen, ehe der Inspector überhaupt seine fünf Sinne wieder beisammenhatte.

Sie saßen im Green Cat Tearoom. Miss Lemon spannte ihren Arbeitgeber nicht auf die Folter, sondern kam direkt auf den Punkt.

»Der Mann heißt Rudge, das Geschäft ist in der High Street, und Sie hatten absolut recht. Genau anderthalb Dutzend. Ich habe mir aufgeschrieben, was er gesagt hat.«

Sie reichte ihm einen Zettel.

»Arrr.« Es klang wie das tiefe, satte Schnurren einer Katze.

Hercule Poirot begab sich nach Rosebank. Als er, die untergehende Sonne im Rücken, im Vorgarten stand, trat Mary Delafontaine aus dem Haus.

»Monsieur Poirot?« Sie klang überrascht. »Sie sind noch einmal zurückgekommen?«

»Ja, ich bin noch einmal zurückgekommen.« Er machte eine kurze Pause, dann sagte er: »Als ich zum ersten Mal hier war, Madame, da fiel mir dieser Kinderreim ein:

Mistress Mary, du Widerborst,
was wächst in deinem Garten?
Silberglöckchen und Muschelschalen
und hübsche Mädchen aller Arten.

Es sind allerdings nicht irgendwelche Muschelschalen, nicht wahr, Madame? Es sind Austernschalen.«

Er deutete auf ein Beet und hörte, wie ihr der Atem stockte. Reglos blieb sie stehen. In ihren Augen lag eine Frage.

Er nickte. »*Mais oui*, ich weiß es! Das Dienstmädchen hatte das Essen warmgestellt – sie und Katrina schwören, dass es das Einzige war, was Sie alle an dem Abend aßen. Nur Sie und Ihr Mann wissen, dass Sie anderthalb Dutzend Austern besorgt hatten – ein kleiner Leckerbissen *pour la bonne tante*. Ein Kinderspiel, Strychnin in eine Auster zu injizieren. Sie wird geschlürft, *comme ça*! Allerdings bleiben die Schalen übrig – die auf keinen Fall in den Mülleimer wandern dürfen, denn dort würde das Dienstmädchen sie sehen. Und da kam Ihnen die Idee, ein Blumenbeet damit einzufassen. Allerdings hatten Sie nicht genug, weshalb die Einfassung unvollständig ist. Das nimmt sich nicht gut aus, denn es zerstört die Symmetrie Ihres ansonsten so bezaubernden Gartens. Diese wenigen Austernschalen wirkten befremdlich – gleich bei meinem ersten Besuch waren sie mir ein Dorn im Auge.«

»Wahrscheinlich hatten Sie schon nach dem Brief eine Vermutung«, sagte Mary Delafontaine. »Ich wusste, dass meine Tante Ihnen geschrieben hatte, aber ich wusste nicht, wie viel sie Ihnen erzählt hatte.«

Poirot gab eine ausweichende Antwort:

»Zumindest wusste ich, dass es um eine Familienangelegenheit ging. Wenn Katrina damit zu tun gehabt hätte, dann hätte es keinen Grund gegeben, die Sache zu vertuschen. Soviel ich weiß, haben Sie und Ihr Mann Miss Barrowbys Wertpapiere verwaltet und zu Ihren eigenen Gunsten genutzt, und sie ist dahintergekommen ...«

Mary Delafontaine nickte.

»Das machen wir schon seit Jahren – hier ein bisschen, dort ein bisschen. Mir war nie klar, dass sie clever genug war dahinterzukommen. Und dann erfuhr ich, dass sie einen Detektiv herbestellt hatte; und außerdem hörte ich, dass sie ihr Geld Katrina vererben wollte – dieser elenden Kreatur!«

»Deshalb wurde das Strychnin also in Katrinas Zimmer deponiert? Verstehe. Sie schützen sich und Ihren Gatten vor möglichen unliebsamen Entdeckungen meinerseits und wälzen den Mord gleichzeitig auf ein unschuldiges Kind ab. Haben Sie denn gar kein Mitgefühl, Madame?«

Mary Delafontaine zuckte die Achseln und sah Poirot mit ihren leuchtend blauen Vergissmeinnicht-Augen groß an. Er erinnerte sich an ihre perfekte Schauspielerei während seines ersten Besuchs und an die stümperhaften Versuche ihres Mannes. Eine überdurchschnittliche Frau – aber unmenschlich.

»Mitgefühl?«, sagte sie. »Für diese elende intrigante kleine Ratte?« Ihre Verachtung war nicht zu überhören.

Langsam erwiderte Hercule Poirot:

»Ich glaube, Madame, Ihnen haben in Ihrem ganzen Leben nur zwei Dinge je am Herzen gelegen. Einmal Ihr Mann.«

Ihre Lippen begannen zu beben.

»Und dann – Ihr Garten.«

Er sah sich um. Sein Blick schien die Blumen um Verzeihung zu bitten für das, was er getan hatte und was er gleich tun würde.

Ein chinesisches Paradies

Meistens bin ich zu barmherzig oder geizig, um die Blumen aus dem eigenen Garten zu plündern und kaufe den Wohnzimmerstrauß im Supermarkt. Aber wenn ich gerade das letzte Kapitel eines neuen Romans geschrieben habe, will ich mich belohnen. Kein professionelles Bukett könnte mit der eigenen verwilderten Flora konkurrieren. Auf dem Fensterbrett meines Arbeitszimmers stehen heute Rosen, Päonien, Margeriten, Akeleien, Glocken- und Kornblumen in einem gläsernen Krug. Als kleines Mädchen kannte ich diese Blumen fast alle nur aus Bilderbüchern, denn im subtropischen Klima wachsen andere Pflanzen.

In meiner Kindheit lebte unsere Familie nämlich jahrelang in Nanking. Die Erinnerung gaukelt mir unseren damaligen Garten als ein großflächiges Paradies vor: es gab eine weitläufige Rasenfläche, Gemüsebeete, einen Maulbeerbaum, zwei Ginkgos und ein Bambuswäldchen. In den Zweigen einer Trauerweide suchten wir erfolgreich nach den hohlen Chitinhüllen der Zikaden. Natürlich wuchsen auch Blumen in den Rabatten – Zinnien, Cannas, Gladiolen, Wunder- und Ringelblumen. Auf den Kieswegen breiteten sich Portulakröschen aus, die sich in der heißen Sommersonne wohl fühlten. Sie strahlten in den wunderbaren Farben chinesischer Seide – kaisergelb, rosa, violett, rot, pink, mauve, orange und elfenbeinweiß.

Es wimmelte von Getier. Wir vier Geschwister besaßen alle eine eigene Ziege. Ich versorgte meine Geiß mit *Butterbrot*, wie ich es nannte. Dafür beschmierte ich ein großes Blatt mit gelber Blütenstaub-Butter und belegte es dann mit roter Rosenblätter-Wurst. Ich weiß nicht, ob mein Lieschen dieses Arrangement mochte, aber sie hat es immerhin gefressen. Außerdem besaßen wir Hunde, Katzen, ein Eichhörnchen, Hühner und einmal sogar vier Schweine, die sich irgendwann auf geheimnisvolle Weise in Schinken verwandelten. Wir fingen Kröten und bauten ihnen Häuser und Gärten, die sie aber fluchtartig wieder verließen.

Nach ausgiebigen Regentagen konnte man mit Lehm wunderbar herummatschen. Allerdings hatten meine Schwestern und ich künstlerische Ambitionen und formten braune Erdmännchen, die wir in größeren Familienverbänden unter einem Balkon ansiedelten. Leider hatten unsere liebevoll gestalteten Homunculi keine lange Lebensdauer, weil sie auf biblische Art nach ein paar heißen Tagen zu Staub zerfielen und wieder zu Erde wurden.

Ganz besonders faszinierte mich das Wachstum der Bambussprossen; wir legten einen schweren Stein auf die hervorbrechende Spitze und beobachteten den Trieb, der mit unerhörter Kraft das Gewicht hochstemmte. Im Bambuswäldchen hatte mein Bruder eine kleine Höhle gegraben, die er als geheimen Unterschlupf plante. Er verlor aber bald die Lust am Buddeln, das Loch füllte sich an Regentagen mit Wasser. Eines Tages bekam unsere Setterhündin die ebenso absurde Idee, ihre sechs Welpen dort zur Welt zu bringen. Als es anfing zu regnen, musste man die Babys mit einer breiten Schaufel evakuieren und in einer komfortablen Hundehütte unterbringen. Es gehört zu meinen schönsten Erinnerungen, dass mich die Hundemutter als Patin für ihre Kleinen auserkoren hatte. Nur ich durfte vor der Kinderstube Platz nehmen und ein Junges nach dem anderen herausholen, streicheln, bewundern und der stolzen Mama zum Abschlecken hinhalten. Meine Eltern und Geschwister wurden durch Knurren und Zähnefletschen vertrieben.

Da es im Sommer sehr heiß war, konnte man eigentlich nur am Abend draußen herumtoben. Wenn es dunkel wurde, mussten wir ins Haus zurück. Meine Mutter behauptete, in der Nacht würden sich Fledermäuse in unseren Haaren einnisten. Viele Jahre später hörte ich im Urlaub, dass man in Frankreich das gleiche Lügenmärchen kannte, um kleine Mädchen bei anbrechender Dämmerung dingfest zu machen.

Im Gemüsegarten herrschte der *Gardenman*. Zum Abendessen kamen oft gebackene Süßkartoffeln auf den Tisch, mittags gab es gelegentlich mein Lieblingsgemüse – gebratene *Eggplants,* also Auberginen. Der Gärtner wollte oder konnte kein Tier töten, aber die fetten Raupen auf den Kohlköpfen waren ihm ein Dorn im Auge. Wir Kinder wurden dazu verdonnert, das eklige Gewürm abzusammeln und in wassergefüllten Blechbüchsen zu ertränken. Es stank widerlich. Aber wir begriffen, dass es für uns Menschen sowohl nützliche Tiere und Pflanzen gibt, als auch Feinde, die es zu bekämpfen gilt.

In meinem Alter wird man großzügig. In unserem Garten darf so manches wachsen und gedeihen, was einen militanten Kleingärtner auf die Palme bringen würde. Nur die Nacktschnecken sind meine erklärten Feinde, da könnte ich glatt zur Mörderin werden.

EVA DEMSKI

Der Gärtner von der traurigen Gestalt

> »der Scherben aufliest und Nägel
> der jeden Findling signiert jede Eiche
> der den Konvoi vorbeifahren lässt
> der kommt zu spät«
>
> Helga M. Novak

Einer der leidenschaftlichsten und grünhändigsten Gärtner, die ich kannte, hat nie in seinem Leben auch nur einen Quadratzentimeter Boden besessen. Er war arm wie eine Blattlaus, aber alles wurde unter seinen Händen zum Garten. Fensterbänke, Müllecken, verlassene Bauruinen, verwaister Boden jeder Art: Er konnte gar nicht anders, als Gärten anzulegen, das war seine Passion. Er war der Erfinder des Pechs, ein Chaot und Schnorrer, ein Verlierer, ein bedauernswerter, nicht immer angenehmer Typ. Und ein begnadeter Gärtner. Wenn er einen Besenstiel in den Sand steckte, trieb der Zweige. Als wollten ihn Gewächse jeder Art über seine Unzulänglichkeit und Erfolglosigkeit hinwegtrösten, gediehen sie für ihn auch an den ungeeignetsten Stellen. Als ich ihn kennenlernte, arbeitete er als Bühnenbildner für ein kleines Theater. Das hatte er nicht gelernt, konnte es aber ganz gut. Das Theaterchen hatte sich auf einem ehemaligen Fabrikgelände angesiedelt, einem weitläufigen, romantischen und ziemlich vergammelten Backsteinlabyrinth. Dort wurde gewohnt, gefeiert, gespielt, und dort entstand, vom Ensemble und dessen unübersichtlichem Freundeskreis zunächst unbemerkt, ein Garten.

Ungenutzter Raum unter freiem Himmel entging ihm nirgendwo, auch hier nicht. Er sah sich erst einmal das Gelände an, ein Trümmerfeld von der Größe etwa einer Fünfzimmerwohnung. Er betrachtete Senken und Erhebungen, Steine und Gestrüpp, Schatten und Licht. Er begann wie jeder Schöpfer mit dem Trennen: Erde zu Erde, Stein zu Stein, und woher konnte man in dieser Wüste Wasser bekommen? Ein Wünschelrutengänger war behilflich, das kam aber erst später. Zunächst einmal wurde Eimer auf Eimer geduldig vom Haupthaus herangeschleppt, dann eine Regentonne organisiert. Nichts in seinen Gärten hatte jemals etwas kosten dürfen, und die Verlockungen der Gartencenter und -märkte existierten für ihn nur insoweit, als er oft zum Blühen brachte, was sie weggeworfen hatten.

Die Geschichte war noch im Stadium gegenseitigen Kennenlernens, und der Schuttplatz zeigte seinem Entdecker einen kleinen Hügel, auf dem sich am frühen Nachmittag die Sonne niederließ. Aus den vielen alten Ziegelsteinen schichtete er verschieden hohe Mäuerchen für Gartenräume auf. Er baute nicht das übliche Schachbrettmuster, sondern die Ziegelmauern schienen eine Landschaft mit Wegen und Burgen zu markieren. In kürzester Zeit entstand in der Wüstenei eine Ordnung, die nun mit Blätter- und Blütenchaos gefüllt werden wollte. Es waren gleichsam die Knochen, das Skelett, für einen Garten erschaffen, nun kam das Vergänglichere dran. Er, der Gärtner, plante nie auf lange Zeit, er war kein Fürst Pückler-Muskau. Dass er nirgendwo lange bleiben würde, wusste er. Seine Gärten versprachen keine Zukunft, aber es gelang ihm, üppig blühende Gegenwart zu schaffen. Niemals hätte er einen Baum gepflanzt. Selbst zweijährige Pflanzen säte er nicht gern aus, obwohl er sie liebte. Malve und Goldlack – das Wartejahr, in dem sie nur eine Art Salatkopf herzeigen, war ihm zu viel. Deshalb nahm er auch liebevoll in Kauf, was der Boden von sich aus bot. Er rodete nichts, oder nur sehr wenig. Selbst Brombeeren wurden von ihm mit aufmerksamer Zuneigung behandelt, und die sind wirklich eine Pest. Holunder, wunderbar! Man muss ihm nur seine Grenzen zeigen. Und nie verstand er, was die Leute gegen Kanadische Goldruten und Buntnesseln hatten.

So machte er aus Wildlingen kultivierte Gartenbewohner, oft fand er echte Aristokraten unter ihnen versteckt: einen fast verreckten Rosenbusch edelster Art oder eine besonders wohlschmeckende Stachelbeersorte zum Beispiel. Unter seinen Händen mäßigten sich die Ungestümen, und die Unterdrückten erholten sich schnell.

Garten heißt warten, sagt das Sprichwort. Das konnte er aber nicht, dieser Gärtner, denn er wusste nie, wie viel Zeit ihm mit seinem jeweiligen Flecken Erde gegönnt war. Der aus Trümmern entstandene Theatergarten blieb ihm immerhin drei oder vier Jahre, für seine Verhältnisse war das eine Ewigkeit. Sonst hatte er sich oft nur ein, zwei Jahreszeiten um ein Stück Erde kümmern dürfen, bevor ihn Schulden oder Streitigkeiten weitertrieben. Einmal vertraute er mir an, er kenne von jedem Terrain, das er einmal bearbeitet habe, die Möglichkeiten. Wie klein oder groß sie auch gewesen seien, er könne bis in alle Einzelheiten zeichnen, wie sie geworden wären, seine Gärten. Er trug sie in sich, die Paradieseseigenschaften seiner vernachlässigten Müll- und Trümmerländereien.

Man konnte tatsächlich zuschauen, wie er mit leichter Hand, ein paar dünnen Ranken, wenigen Samenkörnern und irgendwelchen alten Töpfen und Kübeln elegante und überraschende Lösungen auch für schwierige Orte fand. Ihm verdanke ich den großen Respekt vor allen Einjährigen, sie machen zwar Arbeit, verschwenden sich aber, wenn man sie richtig behandelt, aufs Schönste und gaukeln einem heimatlosen Gärtner Ewigkeit vor. Auch auf den Einsatz von allerlei Rankendem verstand er sich, sei es als Versteck oder als Unterstreichung. Bei ihm sah Efeu in seinen hundert Spielarten nicht nach Friedhof aus, sondern festlich und fürstlich. Efeu, die Pflanze der Schlösser und Klöster. Es kommt nur darauf an, wie man mit ihm umgeht. Man darf ihm nichts ganz überlassen, keinen Baumstamm und keine Mauer. Man muss genau erkennen können, woran er sich klammert, das bedeutet ein ewiges Kräftemessen. Aber man muss ihn auch an manchen Stellen in Frieden altern lassen, denn erst der alte Efeu zeigt sich in voller Schönheit, mit seiner veränderten Blattform und den Beerenbüscheln. Natürlich braucht der Efeu heitere Gegenspieler, sonst führt er zur Gärtnermelancholie oder zur Kapitulation. Die Schwarzäugige Susanne zum Beispiel oder Prunkwinden, in jenem einzigartigen Blau, das nur noch alte Leute von Zuckertüten oder Sommerhimmeln kennen. Prunkwinden, die Morning Glory heißen und Tag für Tag Hunderte von makellosen Blütenrädern schlagen, die sie dann abends zu ordentlichen Röllchen zusammenfalten, um den nächsten Platz zu machen. Auch Duftwicke und Glockenrebe sind genügsame Gartendarsteller, die sich ihrer überwältigenden Wirkung gar nicht bewusst zu sein scheinen. Bereitwillig ringeln sie sich um irgendwelche Hässlichkeiten und umgeben sie mit Farbe und Wohlgeruch.

Ich glaube, die Anlage seines Theatergartens war für das Gartengenie eine glückliche Zeit. Er plante sogar ein wenig langfristiger und wagte, den folgenden Jahren zu vertrauen. Der Wünschelrutengänger hatte Wasser gefunden, und es entstand ein kleiner Brunnen. Damit entfiel die Eimerschlepperei. Beim Graben erwies sich das Gelände auch als archäologisch interessant. Nichts Antikes gab der Boden frei, dafür Reste von hübschem Porzellanspielzeug aus dem neunzehnten Jahrhundert, offenbar hatte es dort eine kleine Fabrik gegeben. Winzige Torsi, Hände und Köpfe wurden ausgegraben, gesäubert und auf einer Mauer zur Schau gestellt. Das war nicht von langer Dauer. Die kleinen Kostbarkeiten verschwanden rasch in den Taschen der Besucher. Der Gärtner nahm das stoisch hin, er hatte seine Gärten nie beschützen können, weil sie ihm ja nicht gehörten. Jeder konnte sie benutzen, Eigentum als solches hatte sowieso in seinen Kreisen einen schlechten Ruf.

Am Morgen nach irgendwelchen Festen, zu denen nicht er eingeladen hatte, konnte man ihn sehen, wie er still Flaschen und Kippen einsammelte, niedergetretene Pflanzen aufrichtete und Feuerstellen wieder mit Erde bedeckte. Wenn man ihn darauf ansprach, lächelte er schief und sagte, es sei doch gut, dass die Leute sich hier wohlfühlten. Ich glaube nicht, dass es auch nur einen der Feiernden interessierte, wem sie das sonderbar schöne Stück Erde da verdankten.

Solange sie mir nicht helfen wollen, macht es mir nichts aus, sagte er noch. Das sollte heißen, eine gelegentliche gutmütige Zerstörung und ein bisschen Klauen waren für ihn leichter zu ertragen als der Wunsch von jemandem, mitgestalten zu wollen. So ein hergelaufener Möchtegerngärtner würde sicher unschuldige Äste abschneiden oder etwas Gelbes neben etwas Rotes pflanzen, behüte!

Wahrscheinlich hat er in seinen Gartenstauden oft über Liebe und Besitz nachgedacht und darüber, dass einem das eine ohne das andere ziemlich schwergemacht wird. Zu oft hatte er einen Ort verlassen müssen, den er zum Wachsen und Blühen gebracht hatte und der nun hilflos der gleichgültigen Welt preisgegeben war – denn ignorant waren alle außer ihm, was Gärten betraf. Das denkt jeder leidenschaftliche Gärtner. Manchmal nahm er etwas mit, aus dem verlorenen Garten in den nächsten, den es urbar zu machen galt. Das konnte ein besonders empfindliches Gewächs sein, ein Beutelchen gesammelte Samen, ein Steckling. Manchmal grub er auch behutsam kleinere Bäume aus und parkte sie in Kübeln, bis er eine neue Heimat für sie gefunden hatte.

Ganz ohne Garten war er meines Wissens kaum jemals, auch wenn es manchmal schwierige Notlösungen waren, vergessene Brachen hinter irgendwelchen Parkplätzen oder der ungeliebte Schrebergarten von Freunden. Er machte sich keine Illusionen: Nach einem halben Jahr unter seinen Händen würden die Freunde ihren Schrebergarten plötzlich lieben, sie würden behaupten, sich jetzt selber regelmäßig um ihn kümmern zu wollen – und im folgenden Jahr wäre alles Schöne und Besondere wieder zunichte.

Vielleicht kann andauernder Abschiedsschmerz einen Gartenmenschen umbringen – zumindest aber macht er ihn zum Umstürzler, zum stillen, zornigen Revolutionär.

Warum darf man nicht auf Lebenszeit behalten, was man doch erschaffen hat? Warum dürfen seelenlose Geldsäcke abhacken, umgraben, wegschneiden, roden und vergiften lassen, was ihnen passt? Sie tun es ja nicht einmal selber, die Gartenmörder, wenn sie irgendwo einen Supermarkt oder eine Tankstelle hinbauen wollen, schicken sie gedungene Killer mit Kettensägen und Baggern, sie haben die Zeder, den Apfelbaum, die Magnolie, denen sie in einer einzigen Stunde den Garaus machen lassen, nie persönlich kennengelernt. Der Gärtner aus Liebe gerät in ein nicht nur politisch auswegloses Dilemma: Besitz zu verabscheuen und gleichzeitig zu ersehnen. Denn der Allmächtige hat Millionen potentieller Gärten über die Erde verstreut, gleichzeitig aber den größten Teil der Menschheit grob und geldgierig gemacht. So denkt der besitzlose Gärtner, während der besitzende sich gemeinhin mit dem ihm zugeteilten Stück zufriedengibt und vollauf damit beschäftigt ist, selber Schöpfer zu spielen. Der Trick funktioniert im Allgemeinen gut, nur ihm ist es zu verdanken, dass es nicht mehr Aufruhr in der Welt gibt.

Es kam, wie es kommen musste: Er zerstritt sich mit den Theaterleuten und sollte das Feld räumen. Dazu muss man sagen, dass er mit seinen Gärten meistens auch seine Wohnung verlor. Das schien keine große Rolle zu spielen, niemand wusste genau, wie und wo er eigentlich hauste, und dass bei seiner zähen und unguten Trennung von den Theaterleuten eine nach Tausenden zählende Blumenvasensammlung auftauchte, die sein einziges Eigentum bildete, passte zu ihm. Diesmal konnte er seine Bitterkeit nicht verbergen. Überall, auch bei mir, bat er um Asyl für seine Theatergartenpflanzen, die er nicht einem armseligen Weitervegetieren überlassen wollte. Es waren eben doch einige schöne Stauden zusammengekommen, die sich nicht wie seine geliebten Einjährigen im Herbst ohnehin verabschieden würden. Für die suchte er nun Zufluchtsorte, mit der Maßgabe, dass man sie ihm, wenn ein neuer Garten gefunden sei, wieder überließe. Bei mir landeten drei einzigartige rosa Päonien. Sie sind immer noch da, haben für drei Tage im späten Frühjahr einen grandiosen Auftritt und nehmen die restlichen dreihundertzweiundsechzig Tage Platz weg.

Zum ersten Mal wohl wirklich gartenlos, vagabundierte er nun durch die Szene, manche bedauerten ihn, den meisten fiel er auf die Nerven. Er versuchte sich in mancherlei Jobs, meinen Vorschlag, seine grünen Talente beruflich zu nutzen, lehnte er ab. Einem fremden Gartenherrn zu dienen wäre ihm unmöglich gewesen, und die industrialisierte Gartenwelt mit ihren gefärbten Primelmassen und moribunden Exoten war ihm ein Greuel. So arbeitete er ab und zu in einem Museum, malte seltsame Bilder und bepflanzte hier einen städtischen Betontrog und dort ein paar kahle Baumscheiben in der Innenstadt. Kenner wussten: Wenn man auf ein besonders bezauberndes oder überraschendes Arrangement mitten in der städtischen Öde traf, für die das Wort Straßenbegleitgrün – ein Amtsbegriff – gar nicht schöner hätte erfunden werden können, hatte er seine Hand im Spiel. Er konnte nicht anders, als sein schwieriges und nicht sehr glückliches Leben auf diese Weise zum Blühen zu bringen. Seine grauenhafte Vasensammlung hatte er in diversen Freundeskellern untergebracht, und er träumte vom Reichtum, den sie ihm bringen würde, wenn er sich zum Verkauf entschlösse. Mein Einwand, man könne die Sammlung einzig für einen Polterabend brauchen, kränkte ihn nicht.

Irgendwo hatte er jetzt ein kleines Dachzimmer, aber es kam noch einmal ein Garten der besonderen Art auf ihn zu. Irgendjemand hatte von seinem Talent Wind bekommen, jemand, der bei der Stadt etwas zu sagen hatte. Und da gab es ja diese Insel, ein verwahrlostes Eiland mit einem alten Luftbad, einem Vogelbrutgebiet und mehr Brennnesseln als Gänseblümchen. In unserer Stadt wird immer mal wieder etwas Vergessenes entdeckt, das jeder jederzeit hätte sehen können. Das wird dann diskutiert, ehrgeizige Instandsetzungs- und Nutzungspläne werden erstellt, und niemandem scheint klar zu sein, dass grade scheinbar vergessene Orte meist sehr intensiv genutzt werden. Allerdings auf eine Weise, die Stadtveredlern nicht unbedingt gefällt.

Eigentlich war es keine schlechte Idee, das Inselprojekt unserem gartenlosen Gärtner anzuvertrauen. Man sah einen wie ihn wohl als willkommenen Mittler zwischen den ästhetischen Wünschen der Stadt und den Gewohnheiten jener, die sich die Insel schon seit langem unter den Nagel gerissen hatten und sie auf eine etwas wüste Weise nutzten. Hauptsächlich für Picknicks, bei denen Hammel gegrillt wurden, und für spontane Popkonzerte, die man an beiden Flussufern und bis weit in die Stadt hinein hören konnte.

Ich habe ihn nie so aufgeregt und gesprächig erlebt wie in dieser Zeit. Was man ihm für seine Pionierarbeit bezahlte, weiß ich nicht, es war ihm wohl auch nicht wichtig. Zum ersten Mal wartete ein großes Gelände auf seine Ideen und seine Arbeit, durch seine Inselexistenz von Natur aus umschlossen und gleichzeitig von beiden Seiten der Stadt sichtbar. Kraut und Rosen nannte er, was da entstehen sollte, und er stellte sich die Zähmung der Inselbenutzer durch Schönheit und die Kraft der gärtnerischen Kultur vor. Er wollte sie keineswegs vertreiben, die Jugendlichen mit den Kapuzenjacken und die Großfamilien, nur die Feuerstellen konzentrieren, damit die Insel nicht länger aussehen würde wie nach einem Brandbombenangriff.

Wenn man sie ohne Menschen erlebte, früh an einem dunstigen Morgen zum Beispiel, zeigte sie ihren ganzen Zauber. Die Westspitze war von Tausenden Vögeln bewohnt, Enten, Tauchhühnchen, Schwäne, Möwen und verschiedene Gänsearten spielten Paradies. Die Reste des alten Luftbades in der Mitte hätten eine gute Filmkulisse abgegeben, und am Ufer hängten mächtige Weiden ihre Zweige in den Fluss. All das machte den Gärtner zum ersten Mal in seinem Leben zaghaft. Er, der durch beengte und schwierige Terrains beflügelt worden war, konnte die Freiheit nicht genießen. Dass es sowieso keine war, keine echte jedenfalls, merkte er noch nicht. Wenn man ihn besuchte, zeigte er einem Möglichkeiten, beim nächsten Mal sprach er von anderen Möglichkeiten, und von den ersten war keine Rede mehr. Mal stolperte man über ein unmotiviert in eine Wiese gepflanztes Rosenbeet, oder es stand ein Rankbogen in der Gegend herum, ein Bild der Ratlosigkeit. Bögen, durch die man von nirgendwo nach nirgendwo schaute.

Man sieht nicht, wo es hinsoll, sagte ich. Wo war der geblieben, der aus Brachen Paradiese gemacht hatte?

Es ist von allein schön, antwortete er, ich weiß nicht, wozu ich hier bin.

Es kam aber doch ein ganz vielversprechender Sommer, die von ihm ausgesäten Wiesenblumen machten aus dem sumpfigen Rasen ein buntes Wunder, und manchmal kriegte er freundliche Kulturschaffende dazu, sich unter den Weiden niederzulassen und was vorzulesen oder zu singen. Aus sicherer Entfernung schauten die Kapuzenjungs zu und grinsten. Sie warfen aber nicht mit Steinen, da jedenfalls noch nicht. Wahrscheinlich amüsierte es sie, arme Irre zu betrachten, die Musik ohne Verstärker machten. Da und dort zeigte sich auf der Insel die Handschrift des Gärtners doch. Die weiße Clematis an einem alten Pflaumenbaum ließ ihre Ranken baumeln wie auf einer japanischen Tuschzeichnung, an einer sandigen, sonnigen Stelle war plötzlich, wie über Nacht, ein Sukkulenten- und Kaktusgarten entstanden, sogar eine Eidechse hatte sich offenbar überreden lassen, dort ein Gastspiel zu geben. Die Lokalpresse berichtete freundlich, das Inselprojekt schien auf einem guten Weg.

In Wirklichkeit überforderte es ihn vollkommen. In Wirklichkeit hatte er Angst vor den vormaligen Inselherrschern, denen die Zeit des Duldens wohl schon zu lang dauerte. Also Schluss mit dem nachsichtigen Amüsement über diesen Deppen, der Tag und Nacht mit erdigen Händen über ihre Insel streifte und über jede Feuerstelle nölte. Er hatte wirklich eine etwas unangenehme Stimme, der Gärtner. Ein gleichmäßiges Beleidigtsein klang aus ihr, ein Nichteinverstandensein mit der Welt, quäkig und abstoßend. Seine wenigen Freunde hatten sich daran gewöhnt, in seinen besseren Zeiten redete er sowieso nicht viel.

Er machte wahrscheinlich alles falsch. Ob man es überhaupt hätte richtig machen können mit der Insel, wer weiß das schon? So pflanzte und säte der Gärtner weiter planlos und verzagt vor sich hin, und die Ureinwohner gingen hin und trampelten die Beete wieder platt, zerhackten die Rankgerüste und machten Feuer, wo es ihnen gefiel. Kulturschaffende ließen sich kaum noch unter den Weiden blicken, es hieß, man würde dort mit Steinen beworfen, aber niemand wusste Genaues. Die Sache war wohl von Anfang an zu groß gewesen, und wenn Kommunen die Anlage eines Paradieses beschließen, tut sich nicht selten der Weg zur Hölle auf. Das Inselvolk, durch die ungelenken Erziehungsversuche verdrossen, wurde aggressiv. Der Gärtner hatte ihnen außer Klagen und Beleidigungen nichts entgegenzusetzen. Sie bestätigten seine Zerfallenheit mit der Welt, sein Unglück und seine Furcht. Am Ende war es so, dass er jedes zerstörte Beet, jeden abgerissenen Zweig und jede niedergetretene Blume mit grimmiger Befriedigung anschaute. Sie gaben ihm recht. Menschen waren Gärten nicht wert, so einfach ist das.

Als der Winter kam, verlor man den Gärtner aus den Augen. Das war zwar in jedem Jahr so gewesen, aber diesmal blieb es dabei. Es wurde ohne ihn Frühling, nirgendwo in der Stadt tauchten bunt blühende Baumscheiben oder schön inszenierte Betonkübel auf, es blieb bei den städtischen Stiefmütterchen. Über sie hatte er, der Verteidiger unterschätzter Pflanzen, nur Freundliches zu sagen gehabt. Wenn man nicht einfach die Farben nebeneinanderknalle, sondern sich der gelben, lila und braunen Palette in feinen Abstufungen bediene, wenn man niemals klein- und großblütige mische, wenn man sie dicht genug pflanze und nicht vor ihrer schönsten Blütenfülle schon herausreiße, wie es leider üblich sei, und wenn man ihnen noch den Sommer gönne, womit man allerdings Kopfschütteln riskiere – dann, ja, dann seien Stiefmütterchen ganz wundervolle Blumen.

All das sagte er nicht, denn er war und blieb verschwunden. Mit ihm Teile der Vasensammlung. Auch musste leider bemerkt werden, dass die Gruppe seiner Gläubiger weit größer war, als jeder Einzelne von ihnen geahnt hatte. Wirklich schmerzende Verluste wollte er wohl keinem zufügen, deswegen die breite Streuung.

Irgendwann hörte man von seinem Tod. Es wird im Garten Eden bestimmt eine vernachlässigte Ecke geben, allein für ihn.

Mein Wildgarten: Werkzeuge

Nicht nur Blumen und Sträucher und Bäume und Tiere gibt es im Garten, sondern auch einen Gärtner, der darin arbeitet und geeignete Werkzeuge braucht: einfache, althergebrachte wie Pickel und Hacke und hochmoderne wie die computergesteuerte Bewässerungsanlage, die ich nicht verstehe und daher nicht ohne Hilfe bedienen kann. Zweimal im Jahr, zu Winter- und Sommeranfang, hole ich einen gelernten Gärtner, der sie ab- beziehungsweise anstellt, denn sosehr ich mich auch bemühe, lösche ich unweigerlich das Programm und kann es nicht wieder eingeben.

Manche Werkzeuge liegen irgendwo zwischen Hacke und Computer, wie etwa die Motorsense. Die kriege ich in Gang, doch es kostet mich viel Zeit und Mühe, den Schneidfaden richtig einzusetzen und die Spannfeder wiederzufinden, die dabei aus dem Fadenkopf schwirrt. Diese Feder hat die feste Angewohnheit, mir beim Einsetzen aus den Händen zu springen und im Gestrüpp zu landen. Dort bleibt sie verschwunden, weil die Gräser sie absichtlich verbergen – aus gutem Grund: Diese Motorsense ist dazu da, sie vom Erdboden zu vertilgen.

Zu meinem größten Bedauern bin ich kein technisch begabter Mensch, und wann immer ich eine Sache zu reparieren versuche, mache ich etwas anderes daran kaputt. Auf meine Onkel und Vettern passte das Lied »Ich habe einen Onkel in Nahalal, der kann alles allüberall«, und viele andere Moschawniks und Kibbuzniks, einige meiner ehemaligen Kameraden beim Militär etwa, können einen Traktor und einen Jeep warten, Wasser- und Stromleitungen verlegen und reparieren, können löten, schreinern, mauern, Beton gießen – und all das flink, sicher, fehlerfrei und sogar ohne sich schmutzig zu machen.

Jeder dieser Männer hat sein eigenes Handwerkszeug in der Tasche, das unverzichtbar ist und das er immer bei sich trägt. Heute ist es meistens das eine oder andere Modell der Kombinationszange Leatherman, aber in meiner Kindheit und Jugend war es eine gewöhnliche Zange oder manchmal eine Schwedenzange, die liebevoll »der kleine Schwede« genannt wurde.

Ich erinnere mich an den Witz, den man damals erzählte: Drei Moschawniks debattieren darüber, welches Werkzeug man immer dabeihaben müsse.

Sagt der Erste: »Ich nehme immer eine Schwedenzange mit – kriegt alles auf.«

Sagt der Zweite: »Ich nehme lieber einen Engländer – kriegt alles auf.«

Sagt der Dritte: »Ich bevorzuge eine Russenzange.«

»Was ist denn eine Russenzange?«, fragen die anderen beiden verwundert.

»Ein Vorschlaghammer«, erklärt er, »kriegt alles auf.«

Zu meinem Leidwesen fallen mir Rohrschlüssel, Zangen und auch Vorschlaghämmer ständig aus der Hand – und fast ausnahmslos auf die Zehen. Lieber als der Leatherman ist mir das Schweizer Taschenmesser, weil es einen Korkenzieher dran hat. Das heißt, seine Erfinder haben erkannt, dass der Mensch nicht zur Arbeit allein geboren ist. Dazu habe ich noch ein persönliches Werkzeug in der Tasche, wenn ich in den Garten gehe. Soviel ich weiß, hat es keinen Namen, und deshalb will ich es kurz beschreiben. Es ist ein Stück Plastik, etwa wie der Griff eines Schraubenziehers, mit einer kleinen, hohlen Ausbuchtung, die zu zweierlei dient: Man kann damit Löcher in Bewässerungsschläuche bohren, um Tropfer anzubringen, oder kleine Pfropfen in die Löcher stecken, die Spechte hineingeschlagen haben.

Spechte löchern Schläuche nicht aus Bosheit und auch nicht aus Durst – wie etwa die Wildschweine und Schakale, die hineinbeißen, um daraus zu trinken –, sondern aufgrund eines Irrtums. Das Rauschen des fließenden Wassers, so erklärte mir Prof. Yossi Leshem, der größte Ornithologe Israels, klingt für den Specht wie das Rascheln eines Wurms im Holz, der Schlauch selbst interessiert ihn nicht die Bohne. Könnte ich den Spechten beibringen, die Schläuche nur dort zu perforieren, wo ich die Löcher brauche, hätten sich beide Aufgaben dieses Werkzeugs erledigt, aber da mir das bisher nicht gelungen ist, trage ich es bei jedem Gang in den Garten in der Hosentasche. Zu meiner Freude kann ich es ziemlich mühelos handhaben, und zu meinem Bedauern muss ich das recht häufig tun.

Eigentlich müsste der Hobbygärtner noch so einige Werkzeuge und Zubehörteile in der Tasche haben: eine Heckenschere, ein Japanmesser, eine Japansäge, eine kleine Spitzhacke, eine Schaufel, ein paar Tropfer, allerlei Muffen und

Kreuzstücke, und auch eine Dose Baumsalbe und einen robusten Müllsack. Aber die Amerikaner haben noch keine Arbeitshose erfunden, die passende Taschen für all diese Dinge hätte, und die Schweizer noch nicht das Taschenmesser konstruiert, in dem sie alle eingeklappt wären. Deshalb habe ich mir einen Werkzeugkasten gekauft. Ich mag ihn sehr, und offenbar mag er mich auch, denn ein- bis zweimal die Woche begleitet er mich auf meiner Runde durch den Garten: Ich beschneide, entwurzele, pflanze, salbe hier und jäte dort, installiere und repariere, und der Kasten wartet geduldig auf seinen nächsten Einsatz. Er dient mir auch als Hocker, wenn etwas im Sitzen getan werden kann, und hat nur einen Nachteil: Mein Lieblingswerkzeug passt nicht hinein – kann umgekehrt aber mühelos den Werkzeugkasten aufnehmen, denn es handelt sich um die Schubkarre.

Die Bedeutung der Schubkarre in meinem Leben und meine Zuneigung zu ihr sind gar nicht zu überschätzen. Ich habe große Hochachtung vor den Chinesen, die sie nach gängiger Auffassung erfunden haben. Genauer gesagt haben nicht alle Chinesen sie erfunden, sondern ein einzelner Chinese – ein General, der sie vor zweitausend Jahren für militärische Zwecke brauchte. Seine Schubkarre war erheblich größer als unsere heutige, und das Rad saß in der Mitte und nicht vorn. Eine solche Schubkarre kann eine weit schwerere Last befördern, denn das Gewicht lastet allein auf dem Rad und der Mensch braucht es nicht mitzutragen, aber sie ist schwerer zu manövrieren.

Seither ist viel Wasser den Jangtse hinabgeflossen, und

heute stehen dem Werktätigen auch Schubkarren mit zwei Rädern und sogar motorbetriebene zur Verfügung, aber die simple, altvertraute Schubkarre gibt es nach wie vor, und sie funktioniert auf die gute alte Weise. Sie war und ist eine Art Wanne mit zwei Griffen und zwei Beinen am einen Ende und einem einzelnen Rad am anderen. Der Benutzer steht zwischen den Griffen wie ein Pferd zwischen den Wagendeichseln, aber anders als das Pferd zieht er nicht, sondern schiebt.

Dieses Schieben ist einfach und intuitiv wie das Radfahren, und wie mit dem Fahrrad kann man auch mit der Schubkarre geschickter und professioneller werden – sie beispielsweise in der Kurve schräg legen, um ihren Drehwinkel zu verbessern. Das Rad ist dem Auge zwar verborgen, aber die gesammelte Erfahrung lässt einen ahnen, wo es sich jeweils befindet.

Seit ihrer Anschaffung habe ich schon so einiges mit meiner Schubkarre befördert: Erde, Steine, Brennholz, Säcke voller Kompost, Sand oder Zement, Blumentöpfe, allerlei Müll und Abfall, gejätetes Unkraut, abgeschnittene Zweige, Kräuter zum Einpflanzen, Bücherkisten vom Auto zum Arbeitszimmer und meine älteste Enkelin, die mit drei Jahren ihre erste »Schubkarren-Fahrt« verlangte. Ich bin nicht sicher, ob der chinesische General dergleichen im Sinn hatte, aber die Schubkarre war nicht abgeneigt, und die Kleine hatte einen Mordsspaß.

Jedes Mal, wenn ich meine Schubkarre benutze, frage ich mich, wie ich vorher ohne sie ausgekommen bin, und bewundere ihre geradezu genial einfache Bauweise. Die Jahre haben sie poliert und verbessert, und als altes Lastfahrzeug – das älteste von allen, meine ich – besitzt sie Charakter, Gelassenheit und Reife, die mir nicht nur Nutzen, sondern auch Freude bringen. Aber warum viele Worte machen? Ich finde, jeder Mensch – nicht nur Gärtner, Landwirte oder Maurer – sollte eine Schubkarre im Haus haben. Bei leicht abgewandelter Bauweise könnte man damit Töpfe und Teller vom Tisch zur Spüle befördern, die Bücherstapel neben dem Bett zurück zu den Regalen, Wäsche von der Maschine zu den Leinen, den Partner oder die Partnerin, die vorm Fernseher eingeschlafen sind, ins Schlafzimmer, und dann müsste man nur noch die Griffe anheben und sie oder ihn ins Bett kippen.

Die Schubkarre ist eine direkte und natürliche Verlängerung des Körpers, und darin erinnert sie an Hacke, Sense und Sichel – auch sie sind alte landwirtschaftliche Geräte, die schon seit Jahrtausenden nicht mehr wesentlich verändert wurden, und auch sie dienen mir im Garten. Mit der Sichel mähe ich Unkraut dort, wo die Motorsense nicht rankommt. Man hält sie als Rechtshänder in der Rechten, als Linkshänder in der Linken, packt mit der anderen Hand ein Büschel Halme, zieht es hoch und schneidet es mit einem Schwung.

Als Kind sah ich meine Onkel mit Sicheln Mais und Sorghumhirse schneiden. Luzerne und Klee mähten sie mit der normalen Sense, ohne Motor. Die erschien mir damals wie ein Zauberstab. Das Sensenblatt, bodennah in den Halmen verborgen, war unsichtbar. Man sah nur das Fallen der Halme und hörte das Wusch des Schneidens, und alle paar Minuten zog der Schnitter einen kleinen Wetzstein aus der

Tasche und schärfte die Klinge mit präzisen, gemessenen Bewegungen.

Wie gesagt haben heutige Sensen, Sicheln und Hacken viel Ähnlichkeit mit ihren Vorgängern im alten Ägypten und in Mesopotamien, genau wie Pickel und Spaten, aber das Metall, aus dem sie bestehen, ist um ein Vielfaches besser, ebenso wie der Schliff. Das gilt noch mehr für die »Japansäge«, ein phantastisches Werkzeug, mit dem ich Zweige absäge, die dicker als die Spanne der größten Baumschere sind. Die Stahlqualität ihrer Zähne und ihr Schliffwinkel überraschen mich bei jedem Gebrauch aufs Neue. Ein armdicker Ast gibt schon nach fünf oder sechs Zügen nach, und selbst jemand wie ich, der weder technisch begabt noch handwerklich ausgebildet ist, kann dieses hochwertige Arbeitsgerät angemessen würdigen.

Es gibt noch ein sehr nützliches Gartengerät, von dem ich nicht weiß, wie es heißt, und das ich in Geschäften und Gärtnereien nicht finde. Aber nach einigen Instruktionen habe sogar ich es herstellen können: Man nimmt ein Rohr von zwei Zoll Durchmesser und zwei Meter Länge, steckt die Klinge einer Spitzhacke mit der scharfen Seite ins eine Ende und schlägt sie mittels eines dicken Holzbretts mit ein paar senkrechten Schlägen darin fest. Die andere, herausragende Seite der Klinge dient nun zum Vertiefen und Erweitern von Pflanzgruben, in denen man ab einer bestimmten Tiefe mit Pickel und Hacke nicht weiterkommt, ohne die Wände einzureißen.

Neben all diesen Werkzeugen, die aus der Landwirtschaft in den Garten gekommen sind, benutze ich laufend auch

Küchengeräte: ein Nudelholz, um manche Samen zu dreschen, und verschiedene Siebe, um sie von der Spreu zu trennen. Früher besaß die hebräische Sprache drei Wörter für »Sieb«: das große, feinmaschige Mehlsieb hieß *nafa*, das etwas gröbere *kvara* und das kleinste *messanenet*. Heute mahlen wir kein Getreide mehr im Haus, sieben kaum noch in der Küche und bezeichnen jedes Sieb als *messanenet*. Aber ein Garten wie meiner – primitiver als andere Gärten, bewachsen mit einfacheren und älteren Arten – verlangt auch altmodische Geräte, archaische Namen und einfache Tätigkeiten. Und so benutze ich eine *nafa* zum Sieben der Mohnsamen, eine *kvara* für die Samen der Kornrade, und mit der *messanenet* seihe ich die Hühnersuppe durch, die ich koche, denn ich mag sie gern völlig klar.

Der Petersiliengarten

Eines Tages im August spazierte Al Condraj ohne einen Penny in der Tasche durch den Woolworth, als er einen kleinen Hammer sah, kein Spielzeug, sondern einen richtigen Hammer, und ihn packte ein Verlangen, diesen Hammer zu besitzen. Der Hammer, glaubte er, war genau das, was er brauchte, um die Eintönigkeit zu durchbrechen und um etwas zu bauen. Er hatte ein paar erstklassige Nägel in Foley's Packing Haus gesammelt, wo die Kistenmacher arbeiteten und achtlos Nägel im Wert von mindestens fünfzehn Cent hatten fallen lassen. Er hatte sich mit Freuden die Mühe gemacht, sie einzusammeln, weil ihm schien, dass ein Nagel etwas war, das man nicht verschwenden durfte. Die Nägel, vielleicht ein halbes Pfund, mindestens zweihundert Stück, hatte er zu Hause in einer Papiertüte in der Apfelkiste, in der er seinen Kram aufbewahrte.

Jetzt glaubte er, mit dem Zehn-Cent-Hammer und den Nägeln aus Kistenholz etwas bauen zu können, obwohl er keine Ahnung hatte, was. Irgendeinen Tisch vielleicht oder eine kleine Bank.

Jedenfalls nahm er den Hammer und steckte ihn in die Tasche seiner Latzhose, doch gerade als er das tat, packte ein Mann ihn wortlos fest am Arm und schob ihn in ein kleines Büro im hinteren Teil des Geschäfts. In dem Büro saß ein anderer Mann, ein älterer, hinter einem Schreibtisch und arbeitete mit Papieren. Der jüngere Mann, derjenige, der ihn gepackt hatte, war aufgeregt, und seine Stirn war mit Schweiß bedeckt.

»Tja«, sagte er, »da haben wir schon wieder einen.«

Der Mann hinter dem Schreibtisch stand auf und musterte Al von Kopf bis Fuß.

»Was hat *der* denn mitgehen lassen?«

»Einen Hammer.« Der junge Mann sah Al voller Hass an. »Her damit«, sagte er.

Al zog den Hammer aus der Tasche und gab ihn dem jungen Mann, der sagte: »Eigentlich müsste ich dir mit dem Ding eins überziehen, nur damit du Bescheid weißt.«

Er wandte sich an den älteren Mann, den Chef, den Geschäftsführer, und fragte: »Was soll ich mit ihm machen?«

»Lassen Sie ihn hier bei mir«, sagte der ältere Mann.

Der jüngere Mann verließ das Büro, und der ältere setzte sich und machte sich wieder an die Arbeit. Al stand fünfzehn Minuten in dem Büro, bevor der ältere Mann ihn wieder ansah.

»Tja«, sagte er.

Al wusste nicht, was er sagen sollte. Der Mann sah nicht ihn, sondern die Tür an.

Schließlich sagte Al: »Ich wollte ihn nicht stehlen. Ich brauche ihn einfach, und ich habe kein Geld.«

»Dass du kein Geld hast, heißt noch lange nicht, dass du Sachen stehlen darfst«, sagte der Mann. »Oder?«

»Nein, Sir.«

»Tja, was soll ich mit dir machen? Dich der Polizei übergeben?«

Al blieb stumm, aber er hatte ganz bestimmt keine Lust, der Polizei übergeben zu werden. Er hasste den Mann, doch gleichzeitig war ihm klar, dass er an jemand sehr viel Unangenehmeren hätte geraten können.

»Wenn ich dich gehen lasse, versprichst du mir dann, nie wieder etwas aus diesem Geschäft zu stehlen?«

»Ja, Sir.«

»Na gut«, sagte der Mann. »Geh hier raus, und komm erst wieder in dieses Geschäft, wenn du Geld in der Tasche hast.«

Er öffnete eine Tür zu dem Flur, der auf die rückwärtige Gasse führte, und Al eilte den Flur entlang und nach draußen.

Als er frei war, lachte er als Erstes, aber er wusste, er war gedemütigt worden, und er schämte sich zutiefst. Es entsprach nicht seinem Wesen, Dinge zu nehmen, die ihm nicht gehörten. Er hasste den jungen Mann, der ihn erwischt hatte, und er hasste den Geschäftsführer, der ihn so lange stumm im Büro hatte stehen lassen. Dass der junge Mann gesagt hatte, er müsste ihm eigentlich mit dem Hammer eins überziehen, hatte ihm überhaupt nicht gefallen.

Eigentlich hätte er den Mut haben müssen, ihm in die Augen zu schauen und zu sagen: »Sie und wer noch?«

Natürlich hatte er den Hammer gestohlen, und er war erwischt worden, aber er fand, man hätte ihn nicht so demütigen müssen.

Nachdem er drei Häuserblocks weit gegangen war, kam er zu dem Schluss, dass er doch noch nicht nach Hause gehen wollte, also machte er kehrt und ging wieder zurück in die Stadt. Er war beinahe überzeugt, er sollte zurückgehen und etwas zu dem jungen Mann sagen, der ihn erwischt hatte. Und dann war er sich nicht mehr ganz sicher, ob er nicht doch eher vorhatte, zurückzugehen und den Hammer noch einmal zu stehlen, sich diesmal aber *nicht* erwischen zu lassen. Wenn man schon dafür gesorgt hatte, dass er sich wie ein Dieb vorkam, müsste mindestens der Hammer dabei herausspringen.

Vor dem Geschäft allerdings verließ ihn der Mut. Er stand mindestens zehn Minuten lang auf der Straße und schaute hinein.

Dann, niedergeschmettert, verwirrt und bitter beschämt – erstens, weil er etwas gestohlen hatte, zweitens, weil er erwischt worden war, drittens, weil man ihn gedemütigt hatte, und viertens, weil er nicht genug Mumm hatte, zurückzugehen und Ernst zu machen –, wandte er sich wieder heimwärts, innerlich so aufgewühlt, dass er seinen Kumpel Pete Wawchek nicht grüßte, als sie sich vor Graf's Hardware begegneten.

Nach Hause zurückgekehrt, schämte er sich zu sehr, um drinnen nach seinem Kram zu sehen, und nahm stattdessen einige große Schlucke aus dem Hahn im Garten. Seine Mutter benutzte den Hahn, um die Sachen zu bewässern, die sie jedes Jahr pflanzte: Okra, Paprika, Tomaten, Gurken, Zwiebeln, Knoblauch, Minze, Auberginen und Petersilie.

Seine Mutter nannte die ganze Geschichte den Petersiliengarten, und im Sommer holte sie jeden Abend Stühle aus dem Haus, stellte sie um den Tisch herum, den sie sich für fünfzehn Cent von Ondro, dem Mädchen für alles im Viertel, hatte bauen lassen, und dann setzte sie sich an den

Tisch und genoss die Kühle des Gartens und den Duft der Dinge, die sie gepflanzt und gepflegt hatte.

Manchmal machte sie sogar einen Salat, feuchtete ein Sauerteig-Fladenbrot an und schnitt etwas weißen Käse in Scheiben, und dann aßen sie beide im Petersiliengarten zu Abend. Nach dem Abendessen schloss sie den Schlauch an den Wasserhahn an und bewässerte ihre Pflanzen, und dann war es im Garten kühler denn je, und es roch richtig gut, richtig frisch und kühl und grün, weil all die verschiedenen Sachen, die dort wuchsen, zusammen mit Luft und Wasser einen Geruch nach grünem Garten ergaben.

Nachdem er ausgiebig aus dem Hahn getrunken hatte, setzte Al sich an die Stelle, wo die Petersilie wuchs, zog eine Handvoll heraus und aß sie langsam. Dann ging er ins Haus und erzählte seiner Mutter, was passiert war. Er erzählte ihr sogar, was er erwogen hatte, nachdem man ihn hatte laufen lassen: zurückzugehen und den Hammer noch einmal zu stehlen.

»Ich will nicht, dass du stiehlst«, sagte seine Mutter in gebrochenem Englisch. »Hier sind zehn Cent. Du gehst zurück zu diesem Mann, und du gibst ihm dieses Geld, und du bringst ihn nach Hause, diesen Hammer.«

»Nein«, sagte Al. »Ich nehme dein Geld nicht für etwas, was ich eigentlich gar nicht brauche. Ich dachte bloß, ich müsste einen Hammer haben, damit ich etwas bauen kann, wenn ich Lust dazu habe. Ich habe eine Menge Nägel und ein bisschen Kistenholz, aber ich habe keinen Hammer.«

»Geh ihn schon kaufen, den Hammer«, sagte seine Mutter.

»Nein«, sagte Al.

»Na gut«, sagte seine Mutter. »Dann halt den Mund.«

Das sagte sie immer, wenn sie nicht wusste, was sie sonst sagen sollte.

Al ging hinaus und setzte sich auf die Treppe. Inzwischen begann seine Demütigung richtig wehzutun. Er beschloss, am Eisenbahngleis entlang einen Gang zu Foley's zu machen, weil er noch ein bisschen darüber nachdenken musste. Bei Foley's sah er zehn Minuten lang zu, wie Johnny Gale Kisten zusammennagelte, aber Johnny war zu beschäftigt, um ihn zu bemerken oder mit ihm zu reden, obwohl Johnny ihn eines Tages in der Sonntagsschule, vor zwei oder drei Jahren, begrüßt und gesagt hatte: »Wie geht's, wie steht's?« Johnny arbeitete mit einem Klauenbeil, und in Fresno sagte jeder, er sei der schnellste Kistenmacher in der Stadt. Nie hatte man in irgendeinem Abpackbetrieb jemanden gesehen, der einer Maschine so nahe kam. Foley persönlich war stolz auf Johnny Gale.

Schließlich machte sich Al auf den Heimweg, weil er nicht im Weg stehen wollte. Er wollte nicht, dass jemand, der so hart arbeitete, bemerkte, dass er beobachtet wurde, und dann vielleicht zu ihm sagte: »Mach, dass du wegkommst.« Er wollte nicht, dass Johnny Gale so etwas tat. Er wollte nicht noch eine Demütigung herausfordern.

Auf dem Nachhauseweg hielt er die Augen nach Geld offen, aber alles, was er fand, waren die üblichen Glasscherben und rostigen Nägel, die Dinge, an denen er sich jeden Sommer immer die nackten Füße verletzte.

Als er nach Hause kam, hatte seine Mutter einen Salat gemacht und den Tisch gedeckt, also setzte er sich zum Essen zu ihr, doch als er es sich in den Mund steckte, schmeckte es ihm einfach nicht. Er stand auf, ging in das Dreizimmerhaus, holte seine Apfelkiste aus der Ecke seines Zimmers und ging seinen Kram durch. Es war alles da, genau wie gestern.

Er ging zurück in die Stadt, stand voller Hass auf den jungen Mann, der ihn erwischt hatte, vor dem geschlossenen Geschäft, dann zog er weiter zum Hippodrome und betrachtete die im Schaukasten hängenden Fotos von den zwei Filmen, die an diesem Tag gezeigt wurden.

Dann ging er weiter zur Stadtbücherei, um noch einmal einen Blick auf all die Bücher zu werfen, aber keines gefiel ihm, also streifte er noch ein bisschen durch die Stadt, und gegen halb neun ging er nach Hause und legte sich ins Bett.

Seine Mutter war schon schlafen gegangen, weil sie um fünf Uhr aufstehen musste, um zur Arbeit im Inderrieden's zu gehen, wo sie Feigen verpackte. An manchen Tagen gab es den ganzen Tag Arbeit, an manchen auch nur den halben Tag, aber was auch immer seine Mutter im Sommer verdiente, es musste fürs ganze Jahr reichen.

Er schlief nicht viel in dieser Nacht, weil er nicht über das Vorgefallene hinwegkam, und er ging in Gedanken sechs, sieben Arten durch, wie sich die Sache regeln ließ. Er glaubte sogar, es wäre nötig, den jungen Mann, der ihn erwischt hatte, umzubringen. Außerdem glaubte er, es wäre nötig, dass er für den Rest seines Lebens systematisch und erfolgreich stahl. Es war eine heiße Nacht, und er konnte nicht schlafen.

Schließlich stand seine Mutter auf, ging barfuß in die Küche, um einen Schluck Wasser zu trinken, und sagte auf dem Rückweg leise zu ihm: »Halt den Mund.«

Als sie um fünf Uhr morgens aufstand, hatte er das Haus schon verlassen, aber das war schon oft passiert. Er war ein rastloser Junge und im Sommer ständig unterwegs. Er machte Fehler und bezahlte dafür, und gerade hatte er versucht zu stehlen und war erwischt worden, und er war aufgewühlt. Sie machte sich Frühstück, richtete ihr Lunchpaket und hoffte, während sie zur Arbeit eilte, dass es ein voller Tag werden würde.

Es wurde ein voller Tag, und dann gab es sogar noch Mehrarbeit, und obwohl sie keinen Lunch mehr hatte, beschloss sie, für das zusätzliche Geld weiterzuarbeiten. Fast alle anderen Packerinnen machten ebenfalls weiter, und ihre Nachbarin von gegenüber, Leeza Ahboot, die neben ihr arbeitete, sagte: »Lass uns arbeiten, bis es keine Arbeit mehr gibt, und dann gehen wir nach Hause, machen zusammen Abendessen und essen in deinem Petersiliengarten, wo es so schön kühl ist. Es ist heiß heute, und es wäre dumm, nicht fünfzig oder sechzig Cent zusätzlich mitzunehmen.«

Als die beiden Frauen später den Garten erreichten, war es kurz vor neun, aber immer noch hell, und sie sah ihren Sohn, der mit einem Hammer Kistenholzstücke zusammennagelte und offenbar irgendetwas daraus baute. Es sah aus wie eine Bank. Er hatte bereits die Beete gewässert und im Garten aufgeräumt, alles wirkte sehr schön, und ihr Sohn machte einen sehr ernsten und beschäftigten Eindruck. Sie und Leeza begannen sofort mit der Zubereitung des Abendessens und pflückten Paprika, Tomaten, Gurken und sehr viel Petersilie für den Salat.

Dann ging Leeza zu sich nach Hause, um weißen Käse

und Brot zu holen, das sie am Abend zuvor gebacken hatte, und ein paar Minuten später aßen sie miteinander und unterhielten sich angenehm über den erfolgreichen Tag, der hinter ihnen lag. Nach dem Abendessen kochten sie über einem offenen Feuer im Garten türkischen Kaffee. Sie tranken den Kaffee, rauchten jede eine Zigarette und erzählten einander Geschichten über ihre Erlebnisse in der alten Heimat und hier in Fresno, und dann schauten sie in ihre Tassen, ob der Kaffeesatz Glück verhieß, und lasen darin: Gesundheit, Arbeit, sommerliche Abendessen im Freien und genug Geld für den Rest des Jahres.

Al arbeitete und schnappte dabei einiges von dem auf, was sie sagten, und dann ging Leeza nach Hause zu Bett, und seine Mutter sagte: »Wo hast du ihn her, den Hammer, Al?«

»Aus dem Geschäft.«

»Wie hast du ihn bekommen? Hast du ihn gestohlen?«

Al baute die Bank fertig und setzte sich. »Nein«, sagte er. »Ich habe ihn nicht gestohlen.«

»Wie hast du ihn dann bekommen?«

»Ich habe in dem Geschäft dafür gearbeitet«, sagte Al.

»In dem Geschäft, wo du ihn gestern gestohlen hast?«

»Ja.«

»Wer hat dir den Job gegeben?«

»Der Boss.«

»Was hast du gemacht?«

»Ich habe verschiedene Sachen zu den verschiedenen Ladentischen getragen.«

»Das ist gut«, sagte die Mutter. »Wie lange hast du für den kleinen Hammer gearbeitet?«

»Ich habe den ganzen Tag gearbeitet«, sagte Al. »Mr. Clemmer hat mir den Hammer gegeben, nachdem ich eine Stunde gearbeitet hatte, aber ich habe einfach weitergearbeitet. Der Kerl, der mich gestern erwischt hat, hat mir gezeigt, was ich tun soll, und wir haben zusammengearbeitet. Wir haben nicht miteinander geredet, aber am Ende des Tages ist er mit mir in Mr. Clemmers Büro gegangen und hat Mr. Clemmer gesagt, ich hätte den ganzen Tag hart gearbeitet und müsste mindestens einen Dollar bekommen.«

»Das ist gut«, sagte die Frau.

»Also hat Mr. Clemmer einen Silberdollar für mich auf den Schreibtisch gelegt, und dann hat der Kerl, der mich gestern erwischt hat, ihm gesagt, das Geschäft brauchte jeden Tag einen Jungen wie mich, für einen Dollar am Tag, und Mr. Clemmer hat gesagt, ich könnte den Job haben.«

»Das ist gut«, sagte die Frau. »Da kannst du dir ein bisschen Geld verdienen.«

»Ich habe den Dollar auf Mr. Clemmers Schreibtisch liegen lassen«, sagte Al, »und beiden gesagt, dass ich den Job nicht will.«

»Warum machst du denn so was?«, sagte die Frau. »Ein Dollar am Tag für einen Elfjährigen ist gutes Geld. Warum hast du den Job nicht genommen?«

»Weil ich die beiden hasse«, sagte der Junge. »Ich würde nie für solche Leute arbeiten. Ich habe sie einfach angesehen, habe meinen Hammer genommen und bin gegangen. Ich bin nach Hause gekommen und habe diese Bank gebaut.«

»Na gut«, sagte seine Mutter. »Halt den Mund.«

Seine Mutter ging ins Haus und zu Bett, aber Al blieb auf der Bank sitzen, die er gebaut hatte, roch den Petersiliengarten und fühlte sich nicht mehr gedemütigt.

Aber nichts konnte ihn davon abhalten, die beiden Männer zu hassen, obwohl er wusste, dass sie nichts getan hatten, was sie nicht hätten tun sollen.

Der Fluch der Zucchini

Um es gleich vorauszuschicken: Ich mag Zucchini. Wirklich. In Scheiben geschnitten, in Butter gebraten und mit einem Spiegelei zugedeckt, können sie mich sogar begeistern.

Aaaaaaber …

Als damals im Zuge der Schöpfung auch dieses Gemüse erfunden wurde, hat jemand gepfuscht. Anders kann ich es mir nicht erklären. Es musste damals ja auch alles so schnell gehen. Eine ganze Welt in nur sechs Tagen, das ist eine ganz schön enge Deadline. Bei so einem stressigen Job kann einem schon mal die eine oder andere Panne unterlaufen. Da war einfach keine Zeit für einen anständigen Beta-Test.

Ich stelle mir das so vor: Bei der Erschaffung der Welt ließ sich der liebe Gott von ein paar himmlischen Assistenten zuarbeiten. Zwar werden sie in der offiziellen Schöpfungsgeschichte nicht genannt, aber das soll in manchen Universitätsinstituten, wo der Lehrstuhlinhaber scheinbar immer alles ganz allein erforscht hat, ja auch vorkommen. Ich denke mir, dass der Weltenschöpfer Spezialistenengel für jeden Fachbereich hatte, die einen haben nur Felsen entworfen und die andern nur Tiere und so weiter, und dann haben sie ihre neu entwickelten Produkte stolz dem Chef vorgeführt, und der hat dann gesagt: »Dieser neue Stein ist wirklich sehr hübsch. Und Marmor passt als Name perfekt!«, oder auch: »Das ist ja eine scheußliche Missgeburt. Wie willst du sie nennen? Schnabeltier? Na schön, aber wirklich nur auf einem sehr abgelegenen Kontinent.«

Und dann gab es eben auch die Abteilung für Pflanzen, und dort, in einem engen Wolkenlabor, das nicht einmal ein Fenster zum Weltraum hatte, war auch das Ressort für Gartenprodukte, geleitet von einem schon etwas älteren Botanikengel, der kurz nach dem Urknall eingestellt worden war und dem ganzen neumodischen Schöpfungsstress nichts abgewinnen konnte. Viel lieber hätte er weiter an der Erfindung herumgebastelt, von der er schon seit Äonen träumte, dem *Lignum farcimina portans* oder Wurstbaum, von dem man je nach Sorte Salami oder Chipolata pflücken können sollte, und von dem er sich eine Beförderung zum Erzengel erhoffte. Aber eben, jetzt war Gemüse bestellt, und gerade im Himmel empfiehlt sich keine Arbeitsverweigerung; ein Eintrag in die Personalakte wird dort oben während Ewigkeiten nicht gelöscht.

Die Bohnen hatte er schon konstruiert, auch die Mohrrüben, die Krautstiele und sonst noch allerlei, und jetzt, ein bisschen übermüdet, schrieb er ganz schnell noch den Chromosomen-Bauplan für *Cucurbita pepo* alias Zucchini. Und der liebe Gott, der auch ganz schön im Stress war (er arbeitete gleichzeitig auch noch an drei anderen Universen), zeichnete die DNA ab, ohne sie sich näher anzusehen.

So muss es passiert sein. Oder doch so ähnlich. Sonst wäre dieser Konstruktionsfehler nicht passiert.

Nicht etwa, dass Zucchini einen vor besondere gärtnerische Herausforderungen stellen würden. Sie sind nicht so leicht beleidigt wie die Tomaten, die schon den kleinsten Regenguss zum Anlass nehmen, um aus der Haut zu fahren, und sie werden nicht, wie die Kartoffeln, von Schädlingen befallen, die man dann mühsam, Käfer für Käfer, von Hand ablesen muss.

Im Gegenteil. Zucchini – und das gilt auch, wenn Sie Schweizer sind und deshalb Zucchetti sagen – machen es dem Gärtner einfach zu leicht. Selbst bei falschester Behandlung entwickeln sie eine Widerstandskraft, wie man sie sonst nur vom Unkraut gewohnt ist. Man kann so rücksichtslos mit ihnen umgehen, wie man nur will, und trotzdem wachsen sie. Und wachsen und wachsen, und von Juni bis Oktober produzieren sie Frucht um Frucht.

Um Frucht um Frucht um Frucht.

Denn das ist das unlösbare Problem, das uns dieser Konstruktionsfehler damals im himmlischen Gemüselabor beschert hat, das ist die Nemesis im Gartenbeet, der Fluch der Zucchini: Man hat nie so viele davon, wie man braucht, sondern man hat immer zu viele. Selbst wenn man einmal erleichtert glaubt, jetzt aber wirklich alle gepflückt zu haben, versteckt sich bestimmt noch eine Frucht unter den großen Blättern, und wenn man am nächsten Morgen wieder nachschaut, ist sie bereits auf Armeslänge angewachsen, ach was Armeslänge, sie ist zu einer Keule geworden, mit der selbst ein Herkules seine Mühe hätte. Geschweige denn ein bescheidener Hobbygärtner und Amateurkoch.

Natürlich, man kann das Glück seiner Ehe aufs Spiel setzen, indem man seine Familie erbarmungslos drei Monate lang auf eine hundertprozentige Zucchini-Diät setzt. Da Zucchini eigentlich nach nichts schmecken, noch nicht einmal nach Zucchini, lassen sie sich in den verschiedensten Zubereitungsarten und Geschmacksrichtungen auf den Tisch bringen. Zum Beispiel mit Eiern und Mehl im Mixer zerkleinert und dann in der Bratpfanne zu einer Pampe verarbeitet, die einem sanft grünlichen Kartoffelbrei ähnelt, oder zu knusprigen Zucchinichips getrocknet, die man allerdings ganz schnell auf den Tisch bringen muss, bevor sie Feuchtigkeit ziehen und wieder labbrig werden.

Oder, oder, oder.

Es wird Ihnen alles nichts nützen. Dem Fluch der Zucchini werden Sie dadurch nicht Herr werden. Früher oder später werden Ihre Kinder Sie schluchzend anflehen, ob Sie nicht bitte, bitte mal wieder Haferbrei kochen könnten. Oder Reisschleim. Oder sonst irgendetwas Gesundes und Zucchinifreies.

Ihre Frau wird sich nicht dazu äußern. Sie hat sie zu diesem Zeitpunkt schon längst verlassen.

Und die Zucchinis werden mehr und mehr. So etwa wie die Vögel bei Hitchcock. Ich werde nie verstehen, warum der Meister des Horrors nicht einmal einen Film über dieses Gemüse gedreht hat. Da hätte ich mich so richtig schön gruseln können.

Es gibt verschiedene Methoden, gegen den Zucchini-Fluch anzukämpfen. Aber ich sage Ihnen gleich: Da hilft kein Kreuzeszeichen und kein Knoblauch.

In meinem kleinen Dorf in Frankreich werden die Leute zu dieser Jahreszeit immer sehr höflich. Wenn sie mir auf der Straße vor meinem Haus begegnen – eine sehr kleine Straße, auch wenn sie sich *Grande Rue* nennt –, wenn sie mir, nachdem sie eine halbe Stunde hinter einer Ecke gelauert haben, ganz zufällig über den Weg laufen, dann lächeln sie mich an und sagen: »Sie müssen doch den ganzen Tag Bücher schreiben, *Monsieur*, da haben Sie bestimmt keine Zeit für Ihren Garten. Aus reiner Menschenfreundlichkeit würde ich Ihnen gern eine *Courgette* überlassen. Oder zwei. Oder ein halbes Dutzend.«

Dann muss man antworten: »*C'est très gentil de votre part, cher voisin,* aber leider, leider habe ich gerade gestern von jemand anderem eine Kiste voll bekommen.« Und dann verlässt man das Haus am besten die nächsten paar Wochen nicht mehr.

Man kann natürlich auch selbst in die Offensive gehen. Besonders riesige Exemplare kann man zu einem Nachbarn bringen, der Hühner hält, und ihm sagen, man hätte gehört, dass dieses Federvieh besonders gern die Kerne aus Zucchinis picke, und da man Tierfreund sei ... Obwohl meistens die anderen Nachbarn unter demselben Vorwand schon gestern da waren, und die Hühner bereits an *Animal Peace* oder den *World Wildlife Fund* geschrieben haben, mit der Bitte, schleunigst eine Aktion unter dem Motto »Zucchini-Diät ist Tierquälerei« zu starten, samt Sit-in im Hühnerstall.

Oder man wird kreativ, malt auf die größten Exemplare einen Mund und zwei Augen und verkauft sie als Glücksbringer auf dem Kirchenbasar. Oder man schenkt sie dem nächstgelegenen Kindergarten als Baseballschläger, mit denen sich die lieben Kleinen nicht ernsthaft verletzen können. Oder man bietet sie im Internet als garantiert hundert Prozent organische Dildos an.

Oder ...

Es wird Ihnen alles nichts nützen. Bis die Glücksbringer gebastelt und die Dildos auf Hochglanz poliert sind, sind in Ihrem Garten schon wieder drei zusätzliche Zucchinis gewachsen. Wenn es nicht fünf sind.

Nein, es gibt kein Entrinnen. Noah konnte wenigstens eine Arche bauen, bevor die Flut einsetzte. Gegen Zucchinis ist im wörtlichsten aller Wortsinne kein Kraut gewachsen.

Außer man pflanzt keine an. Aber auf eine so verrückte Idee kann auch nur jemand kommen, der keinen Garten hat.

CATHERINE MANSFIELD

Das Gartenfest

Und schließlich war das Wetter ideal. Sie hätten keinen makelloseren Tag für ein Gartenfest haben können, wenn sie ihn in Auftrag gegeben hätten. Windstill, warm, der Himmel ohne eine Wolke. Nur das Blau war von einem Dunst hellen Goldes verschleiert, wie es manchmal im Frühsommer vorkommt. Der Gärtner war seit dem Morgengrauen auf, mähte den Rasen und fegte ihn, bis das Gras und die dunklen, flachen Rosetten, wo die Gänseblümchen gestanden hatten, zu glänzen schienen. Und die Rosen – man konnte nicht umhin zu denken, sie hätten begriffen, daß Rosen die einzigen Blumen sind, die bei einem Gartenfest auf die Leute Eindruck machen, die einzigen Blumen, die jeder mit Sicherheit erkennt. Hunderte, ja buchstäblich Hunderte waren in einer einzigen Nacht aufgeblüht; die grünen Büsche neigten sich, als wären sie von Erzengeln heimgesucht worden. Das Frühstück war noch nicht ganz vorbei, als die Männer kamen, um das Zelt aufzustellen.

»Wo willst du das Zelt aufgestellt haben, Mutter?«

»Mein liebes Kind, es nützt nichts, mich zu fragen. Ich bin entschlossen, dieses Jahr alles euch Kindern zu überlassen. Vergeßt, daß ich eure Mutter bin! Behandelt mich wie einen geliebten Gast!«

Aber Meg konnte unmöglich hingehen und die Männer

beaufsichtigen. Sie hatte sich vor dem Frühstück die Haare gewaschen und saß da und trank ihren Kaffee in einem grünen Turban; eine nasse, dunkle Locke war auf jede Wange gedrückt. Und Jose, der Schmetterling? Sie kam stets in einem seidenen Unterrock und einer Kimonojacke nach unten.

»Laura, du mußt gehen, du bist die Künstlerische!«

Laura flog davon und hielt noch ein Stück Butterbrot in der Hand. Es ist köstlich, wenn man einen Vorwand dafür hat, im Freien zu essen, und außerdem liebte sie es, wenn sie etwas arrangieren mußte. Sie fand immer, sie könne es soviel besser als jeder andre.

Vier Männer in Hemdsärmeln standen in einer Gruppe auf dem Gartenweg beisammen. Sie trugen Stangen mit aufgerolltem Segeltuch und hatten große Werkzeugbeutel um den Hals hängen. Sie sahen eindrucksvoll aus. Laura wünschte jetzt, sie hätte kein Butterbrot in der Hand, doch sie konnte es nirgends hinlegen, und wegwerfen konnte sie es unmöglich. Sie wurde rot und versuchte, streng und sogar ein wenig kurzsichtig auszusehen, als sie auf sie zutrat.

»Guten Morgen«, sagte sie und ahmte die Stimme ihrer Mutter nach. Aber das klang so furchtbar geziert, daß sie sich schämte und wie ein kleines Mädchen hervorstotterte: »Oh – hm – Sie sind wohl – wegen des Zelts gekommen?«

»Stimmt, Miss«, sagte der größte der Männer, ein schmächtiger, sommersprossiger Bursche, und ruckte an seinem Werkzeugbeutel, stieß seinen Strohhut zurück und lächelte auf sie herab: »Stimmt genau!«

Sein Lächeln war so ungezwungen, so freundlich, daß Laura sich wieder faßte. Was für hübsche Augen er hatte –

klein, aber von einem so dunklen Blau! Und jetzt blickte sie auf die andern, die auch lächelten. ›Nur Mut, wir beißen nicht‹, schien das Lächeln zu besagen. Wie furchtbar nett waren diese Arbeiter! Und was für ein herrlicher Morgen! Sie durfte den Morgen nicht erwähnen – sie mußte geschäftstüchtig tun.

»Also wie wär's mit der Lilienwiese? Ginge das?«

Und sie zeigte mit der Hand, in der sie nicht das Butterbrot hielt, auf die Lilienwiese. Sie drehten sich um und blickten in die Richtung.

Ein kleiner dicker Kerl schob die Unterlippe vor, und der lange Mensch runzelte die Stirn.

»Die gefällt mir nicht«, sagte er. »Ist nicht auffällig genug. Sehen Sie, so ein Ding wie ein Festzelt«, wandte er sich zutraulich an Laura, »das möchte man irgendwo aufstellen, wo es einem wie ein Schlag ins Auge knallt, falls Sie mich verstehen?«

Lauras Erziehung machte sie einen Augenblick unsicher, ob es von einem Arbeiter genügend ehrerbietig sei, zu ihr von einem ins Auge knallenden Schlag zu sprechen. Aber sie verstand ihn recht gut.

»Eine Ecke vom Tennisplatz!« schlug sie vor. »Aber in der einen Ecke wird schon die Musikkapelle sein.«

»Hoho, werden Sie eine Musikkapelle haben?« fragte ein andrer Arbeiter. Er war blaß. Er sah verhärmt aus, als seine dunklen Augen den Tennisplatz musterten. Was mochte er denken?

»Nur eine sehr kleine Kapelle«, erwiderte Laura sanft. Vielleicht machte es ihm nicht soviel aus, wenn die Kapelle klein war. Doch der lange Mensch unterbrach sie.

»Schauen Sie her, Miss! Das da ist der richtige Platz: vor den Bäumen! Dort drüben! Dort wird es sich fein ausnehmen!« Vor den Karakas? Dann würden die Karakabäume verdeckt. Und sie waren so schön mit ihren breiten, glänzenden Blättern und ihren Büscheln gelber Früchte. Sie waren wie Bäume, die man sich auf einer unbewohnten Insel vorstellt, stolz und einsam wachsend, ihre Blätter und Früchte in einer Art stummer Pracht zur Sonne aufhebend. Sollten die von einem Zelt verdeckt werden?

Es mußte sein. Die Männer hatten schon ihre Stangen geschultert und gingen auf die Stelle zu. Nur der lange Mensch war noch da. Er bückte sich, zerrieb eine Lavendelrispe, hob Daumen und Zeigefinger an die Nase und schnupperte den Duft ein. Als Laura diese Handbewegung sah, vergaß sie die Karakabäume gänzlich, so erstaunt war sie über ihn, daß er für solche Dinge etwas übrig hatte – für den Duft von Lavendel! Wie wenige Männer, die sie kannte, hätten dergleichen getan! Oh, wie erstaunlich nett Arbeiter waren, dachte sie. Warum konnte sie nicht Arbeiter zu Freunden haben statt der albernen Jungen, mit denen sie tanzte und die sonntags zum Abendessen kamen? Mit Männern wie diesen hier würde sie sich viel besser verstehen.

Schuld an alledem sind nur die verrückten Klassenunterschiede, fand sie, während der lange Mensch etwas auf die Rückseite eines Briefumschlags skizzierte – etwas, das hochgewunden werden oder herunterhängen sollte. Sie selbst hielt nichts von Klassenunterschieden. Nicht ein bißchen, keine Spur … Und nun erklang das Poch-poch der Holzhämmer. Jemand pfiff, und jemand trällerte: »Klappt's bei dir, Kumpel?« – Kumpel! Soviel Freundlichkeit, soviel … Nur um zu beweisen, wie glücklich sie war, nur um dem langen Menschen zu zeigen, wie dazugehörig sie sich empfand und wie sie dumme Konventionen verachtete, biß Laura einen tüchtigen Happen von ihrem Butterbrot ab und blickte auf die kleine Skizze. Sie kam sich genau wie ein Arbeiterkind vor.

»Laura? Laura, wo bist du? Telefon, Laura!« rief eine Stimme vom Haus her.

»Komme schon!« Fort sauste sie über den Rasen, über den Pfad, die Treppe hinauf, quer über die Veranda und durch den Eingang. In der Halle bürsteten ihr Vater und Laurie ihre Hüte, bereit, ins Büro zu gehen.

»Hör mal, Laura«, sagte Laurie ganz eilig, »du könntest dir meine Jacke für heute nachmittag anschauen! Sieh mal nach, ob sie gebügelt werden muß!«

»Gern!« sagte sie. Plötzlich konnte sie nicht mehr an sich halten. Sie lief auf Laurie zu und drückte ihn rasch ein bißchen an sich. »Oh, Feste liebe ich über alles, du auch?« stieß sie hervor.

»Na – es geht«, sagte Laurie mit seiner warmen, knabenhaften Stimme, und er drückte seine Schwester ebenfalls und gab ihr einen sanften Schubs. »Schnell ans Telefon, mein Kleines!«

Das Telefon! »Ja. Ja. O ja. Kitty? Guten Morgen, Liebes! Kommst du zum Mittagessen? Komm doch, Liebes! Freuen uns natürlich. Es wird nur eine sehr zusammengestoppelte Mahlzeit sein – bloß Brotrinden und zerbröckelte Baisers und was sonst noch an Resten da ist. Ja, ist es nicht ein idealer Morgen? Dein Weißes? Oh, würde ich bestimmt tun! Einen Augenblick, bleib am Apparat! Mutter ruft.« Und

Laura lehnte sich zurück. »Was, Mutter? Kann's nicht verstehen!« Mrs. Sheridans Stimme schwebte die Treppe herunter. »Sag ihr, sie soll den süßen Hut aufsetzen, den sie letzten Sonntag getragen hat!«

»Mutter sagt, du sollst den süßen Hut aufsetzen, den du letzten Sonntag getragen hast! Gut! Um eins! Wiedersehen!«

Laura legte den Hörer auf und warf die Arme über den Kopf, schöpfte tief Atem, reckte sich und ließ sie fallen. »Uff«, seufzte sie, und im nächsten Augenblick nach dem Seufzer richtete sie sich rasch auf. Sie saß still und lauschte. Alle Türen im Haus schienen offenzustehen. Das ganze Haus war lebendig, voll leichter, schneller Schritte und wandernder Stimmen. Die grüne Friestür, die in den Küchenbereich führte, flog mit gedämpftem Knall auf und wieder zu. Und jetzt kam ein langes, gurgelndes, verrücktes Geräusch. Es war der schwere Flügel, der auf seinen starren Rollen verschoben wurde. Aber die Luft! Wenn man sich's überlegte: war die Luft denn immer so? Leise Lüftchen spielten Fangen: zu den Oberlichtfenstern herein und zu den Türen hinaus. Und dort waren zwei kleine Sonnenflecke – einer auf dem Tintenfaß, einer auf einem Photorahmen, und sie spielten auch. Geliebte kleine Sonnenflecke! Besonders der auf dem Tintenfaßdeckel! Er war ganz warm. Ein warmer kleiner Silberstern. Sie hätte ihn küssen können.

Die Haustürglocke läutete, und auf der Treppe tönte das Rascheln von Sadies gemustertem Rock. Eine Männerstimme murmelte. Sadie antwortete gleichgültig: »Das weiß ich wirklich nicht. Warten Sie! Ich werde Mrs. Sheridan fragen.«

»Was gibt's, Sadie?« Laura trat in die Halle.

»Der Mann vom Blumengeschäft, Miss Laura!«

Tatsächlich! Gleich innerhalb der Tür stand ein breites, flaches Tragbrett voller Töpfe mit roten Lilien. Keine andre Sorte. Nichts als Lilien, Cannalilien, große rote Blüten, weit offen, strahlend, fast erschreckend lebendig auf leuchtend karminroten Stielen.

»O – h, Sadie!« rief Laura, und es klang wie ein kleines Ächzen. Sie kauerte sich hin, wie um sich am Lodern der Lilien zu wärmen. Sie spürte sie in ihren Fingern und auf ihren Lippen, sie wuchsen in ihrer Brust.

»Es ist ein Mißverständnis«, sagte sie matt. »Niemand hat so viele bestellt! Sadie, geh und hole Mutter!«

Doch im gleichen Augenblick trat Mrs. Sheridan zu ihnen. »Es ist ganz richtig«, sagte sie gelassen. »Doch, ich habe sie bestellt. Sind sie nicht herrlich?« Sie drückte Lauras Arm. »Ich ging gestern an dem Geschäft vorbei und sah sie im Schaufenster. Und plötzlich dachte ich, einmal in meinem Leben will ich genug Cannalilien haben! Das Gartenfest ist ein guter Vorwand!«

»Aber ich meinte, du hättest gesagt, daß du dich nicht einmischen willst«, sagte Laura. Sadie war weggegangen. Der Mann vom Blumengeschäft stand noch draußen bei seinem Lieferwagen. Sie legte ihrer Mutter den Arm um den Hals, und zärtlich, sehr zärtlich biß sie ihrer Mutter ins Ohr.

»Mein liebes Kind, eine logische Mutter würdest du nicht leiden können, nicht wahr? Laß das! Hier kommt der Mann!« Er brachte noch mehr Lilien, noch ein ganzes Tragbrett voll. »Stellen Sie sie bitte gleich an der Tür auf, zu beiden Seiten des Eingangs«, sagte Mrs. Sheridan. »Findest du nicht auch, Laura?«

»O ja, bestimmt, Mutter!«

Im Salon hatten Meg, Jose und der gute kleine Hans es endlich fertiggebracht, den Flügel zu verschieben.

»Wenn wir jetzt das Sofa an die Wand rücken und alles aus dem Zimmer räumen, bis auf die Stühle – was meint ihr dazu?«

»Gut!«

»Hans, tragen Sie die Tischchen ins Rauchzimmer und bringen Sie einen Besen mit, um die Druckstellen vom Flügel aus dem Teppich zu bürsten – und, oh, einen Moment, Hans …« Jose liebte es, den Dienstboten Befehle zu erteilen, und sie liebten es, ihr zu gehorchen. Immer weckte sie in ihnen das Gefühl, in einem Drama mitzuspielen. »Sagen Sie Mutter und Miss Laura, sie möchten sofort herunterkommen!«

»Ja, Miss Jose!«

Sie wandte sich an Meg. »Ich wüßte gern, wie der Flügel klingt – nur für den Fall, daß ich heute nachmittag gebeten werde zu singen. Versuchen wir mal ›Das Leben ist traurig!‹« *Pomm!* Ta-ta-ta *ti*-ta! Das Klavier stürmte so leidenschaftlich los, daß Joses Miene sich veränderte. Sie faltete die Hände. Sie blickte traurig und geheimnisvoll auf ihre Mutter und Laura, die ins Zimmer traten.

> »Das Leben ist traurig,
> voll Seufzer und Tränen,
> die Liebe vergeht,
> das Leben ist trau – rig,

voll Seufzer und Tränen,
die Liebe vergeht,
und dann ... leb wohl!«

Doch beim Wort ›Lebwohl‹, und obwohl das Klavier verzweifelter denn je klang, flog ein strahlendes, furchtbar gefühlloses Lächeln über ihr Gesicht.

»Bin ich nicht gut bei Stimme, Mummy?« jubelte sie.

»Das Leben ist traurig,
die Hoffnung erstirbt,
ein Traum, ein Erwa – chen ...«

Aber jetzt wurden sie von Sadie unterbrochen.

»Was gibt es, Sadie?«

»Bitte, M'm, die Köchin läßt fragen, ob Sie die Fähnchen für die Sandwiches bereit haben?«

»Die Fähnchen für die Sandwiches, Sadie?« wiederholte Mrs. Sheridan verträumt. Und die Kinder lasen ihr am Gesicht ab, daß sie sie nicht bereit hatte. »Moment mal!« Und energisch sagte sie zu Sadie: »Bestellen Sie der Köchin, daß sie sie in zehn Minuten bekommt!« Sadie ging.

»So, Laura«, sagte ihre Mutter hastig, »komm mit mir ins Rauchzimmer! Ich habe die Namen irgendwo auf der Rückseite eines Briefumschlags. Du mußt sie mir herausschreiben! Meg, geh augenblicklich nach oben und nimm das nasse Ding von deinem Kopf! Jose, lauf und zieh dich fertig an! Habt ihr gehört, Kinder? Oder muß ich es eurem Vater sagen, wenn er heute abend nach Hause kommt? Und – und Jose, besänftige die Köchin, wenn du in die Küche gehst, ja? Ich habe heute morgen richtig Angst vor ihr!«

Der Briefumschlag fand sich endlich hinter der Uhr im Eßzimmer, obwohl Mrs. Sheridan sich nicht vorstellen konnte, wie er dort hingeraten war.

»Eins von euch Kindern muß ihn mir aus der Handtasche gestohlen haben, denn ich erinnere mich lebhaft … Rahmkäse und Zitronenquark … hast du das?«

»Ja.«

»Eier und …« Mrs. Sheridan hielt den Umschlag von sich weg. »Es sieht aus wie ›Mäuse‹. Es kann doch nicht ›Mäuse‹ heißen, was?«

»Oliven, Herzchen«, sagte Laura, die ihr über die Schulter blickte.

»Ja, natürlich, Oliven! Klingt wie eine schreckliche Zusammenstellung: Eier und Oliven.«

Endlich waren sie fertiggeschrieben, und Laura brachte die Fähnchen in die Küche. Sie fand Jose, die dabei war, die Köchin zu besänftigen, obwohl sie gar nicht angsteinflößend aussah.

»Ich habe noch nie so ausgezeichnete Sandwiches gesehen«, sagte Joses Stimme hingerissen. »Wieviel Sorten sind es, sagten Sie? Fünfzehn?«

»Ja, fünfzehn, Miss Jose.«

»Dann gratuliere ich Ihnen!«

Die Köchin fegte mit dem langen Sandwichmesser die Rinden zusammen und lächelte breit.

»Godbers' Ausläufer ist da!« verkündete Sadie und kam aus der Vorratskammer. Sie hatte den Mann am Fenster vorbeigehen sehen.

Es bedeutete, daß die Windbeutel gekommen waren. Godbers waren berühmt für ihre Windbeutel. Niemandem kam es in den Sinn, welche zu Hause zu backen.

»Bring sie her und stell sie auf den Tisch, mein Kind!« befahl die Köchin.

Sadie brachte sie und ging wieder an die Tür. Laura und Jose waren natürlich viel zu erwachsen, um sich aus derlei Dingen etwas zu machen. Trotzdem mußten sie zugeben, daß die Windbeutel sehr verlockend aussahen. Sehr! Die Köchin begann sie anzuordnen und schüttelte den überschüssigen Puderzucker ab.

»Versetzen sie einen nicht zurück zu allen früheren Festen?« sagte Laura.

»Vermutlich«, sagte die praktische Jose, die es nie mochte, in die Vergangenheit zurückversetzt zu werden. »Sie sehen wunderschön leicht und luftig aus, das muß ich sagen!«

»Nehmen Sie sich jeder einen!« sagte die Köchin mit ihrer gemütlichen Stimme. »Ihre Ma merkt es nicht!«

Oh, unmöglich! Stellt euch vor: Windbeutel so bald nach dem Frühstück! Der bloße Gedanke ließ einen schaudern! Trotzdem: zwei Minuten drauf leckten sich Jose und Laura die Finger ab – mit dem gewissen andächtigen Blick, der nur von Schlagsahne herrühren kann.

»Laß uns in den Garten gehen, durch die Hoftür!« schlug Laura vor. »Ich möchte sehen, wie die Männer mit dem Zelt vorankommen. Es sind furchtbar nette Männer!«

Aber die Hoftür war von der Köchin, von Sadie, von Godbers' Ausläufer und von Hans blockiert.

Es war etwas passiert.

»Je, je, je!« kakelte die Köchin wie ein aufgeregtes Huhn.

Sadie hielt die Hand an die Wange, als hätte sie Zahnweh. Hans' Gesicht war verzerrt von der Anstrengung, es zu begreifen. Nur Godbers' Ausläufer schien befriedigt: es war *seine* Neuigkeit!

»Was ist los? Was ist geschehen?«

»Ein gräßlicher Unfall ist passiert!« sagte die Köchin. »Ein Mann ist verunglückt.«

»Ein Mann ist verunglückt? Wo? Wie? Wann?«

Aber Godbers' Ausläufer ließ sich seine Neuigkeit nicht vor der Nase wegschnappen.

»Kennen Sie die kleinen Hütten gleich da unten, Miss?« Ob sie sie kannte? Natürlich kannte sie sie! »Also dort wohnt ein junger Mann, ein Fuhrmann, Scott heißt er. Sein Pferd hat vor einem Traktor gescheut, heute früh, an der Ecke der Hawke Street, und er wurde runtergeschleudert und ist auf den Hinterkopf gefallen. Tot!«

»Tot?« Laura starrte Godbers' Ausläufer an.

»Tot, als sie ihn aufhoben«, sagte der Ausläufer mit Genugtuung. »Sie haben die Leiche nach Hause geschafft, als ich hier raufkam.« Und zur Köchin sagte er: »Er hinterläßt eine Frau und fünf kleine Kinder!«

»Jose, komm mal mit!« Laura packte ihre Schwester beim Ärmel und zog sie durch die Küche und auf die andre Seite der grünen Friestür. Dort blieb sie stehen und lehnte sich dagegen. »Jose«, sagte sie entsetzt, »wie sollen wir bloß alles absagen?«

»Alles absagen, Laura?«, rief Jose erstaunt. »Was meinst du?«

»Das Gartenfest absagen natürlich!« Warum verstellte sich Jose?

Aber Jose war noch erstaunter. »Das Gartenfest absagen? Liebe Laura, sei nicht komisch! Natürlich können wir nichts dergleichen tun! Niemand erwartet es von uns. Sei nicht so überspannt!«

»Aber wir können unmöglich ein Gartenfest geben, wenn gleich hinter unserm Tor ein Toter liegt!«

Das war nun wirklich übertrieben, denn die kleinen Hütten standen in einer Gasse ganz für sich am Fuß einer steilen Steigung, die zum Haus hinaufführte. Eine breite Straße lag dazwischen. Natürlich standen die Hütten viel zu nah. Sie waren der schlimmste Schandfleck und hatten überhaupt kein Recht, in der Nachbarschaft zu stehen. Es waren kleine, schäbige Behausungen, schokoladebraun gestrichen. In den Vorgärten war nichts als Kohlstrünke, kranke Hühner und Tomatenbüchsen. Sogar der Rauch, der aus den Schornsteinen aufstieg, schien von Armut heimgesucht: kleine Fetzen und Fähnchen Rauch, so verschieden von den großen, silbrigen Fahnen, die sich aus den Schornsteinen der Sheridans emporkräuselten. Waschfrauen wohnten in der Gasse, und Schornsteinfeger und ein Schuster und ein Mann, dessen Hausfront über und über mit winzigen Vogelkäfigen bestückt war. Schwärme von Kindern. Solange die Sheridans klein waren, war es ihnen verboten, jemals einen Fuß dorthinzusetzen, wegen der widerlichen Ausdrücke und weil sie sich anstecken könnten. Doch seit sie erwachsen waren, gingen Laura und Laurie manchmal, wenn sie herumstrolchten, dort hindurch. Es war ekelhaft und schmutzig. Sie kamen schaudernd wieder heraus.

Doch schließlich mußte man überall hingehen: man mußte alles gesehen haben.

Deshalb gingen sie also hindurch. »Und stell dir nur vor, wie der armen Frau die Musik in den Ohren klingen würde!« sagte Laura.

»O Laura!« Jose begann ernstlich böse zu werden. »Falls du jedesmal, wenn jemand einen Unfall hatte, eine Musikkapelle am Spielen hindern willst, dann wirst du ein sehr anstrengendes Leben führen. Mir tut es ganz genauso leid wie dir. Ich habe ebensoviel Mitleid.« Ihre Augen wurden hart. Sie blickte ihre Schwester ebenso an wie früher, als sie klein waren und sich zankten. »Du holst einen betrunkenen Arbeiter nicht ins Leben zurück, indem du sentimental wirst«, sagte sie leise.

»Betrunken? Wer sagt, daß er betrunken war?« wandte sich Laura wütend an Jose. Und genauso, wie sie es bei solchen Anlässen immer getan hatten, rief sie: »Ich gehe sofort zu Mutter rauf und sag's ihr!«

»Tu's, liebes Kind!« gurrte Jose.

»Mutter, darf ich zu dir ins Zimmer?« Laura drehte den großen gläsernen Türknauf herum.

»Natürlich, Kind! Oh, was ist denn los? Warum bist du so erhitzt?« Mrs. Sheridan wandte sich von ihrem Toilettentisch ab. Sie probierte einen neuen Hut auf.

»Mutter, ein Mann ist getötet worden«, begann Laura.

»Hoffentlich nicht bei uns im Garten?« fiel ihr die Mutter ins Wort.

»Nein, nein!«

»Oh, was du mir für einen Schreck eingejagt hast!« Mrs. Sheridan seufzte erleichtert, nahm den großen Hut ab und hielt ihn auf den Knien fest.

»Hör doch zu, Mutter!« sagte Laura. Atemlos und halb

erstickt erzählte Laura ihr die schreckliche Geschichte. »Natürlich können wir nun unser Fest nicht geben, oder?« flehte sie. »Mit der Musikkapelle und allen, die herkommen! Sie würden uns hören, Mutter, es sind fast Nachbarn von uns!« Zu Lauras Verwunderung benahm sich ihre Mutter genau wie Jose; es war schwerer zu ertragen, weil es sie zu amüsieren schien. Sie weigerte sich, Laura ernst zu nehmen.

»Aber liebes Kind, nimm deinen Verstand zusammen! Nur durch einen Zufall haben wir es erfahren. Wenn jemand dort unten auf die übliche Art gestorben wäre – ich verstehe ohnehin nicht, wie sie in den muffigen Löchern am Leben bleiben –, dann gäben wir trotzdem unser Fest, nicht wahr?«

Darauf mußte Laura mit ›ja‹ antworten, aber sie fand, daß es ganz falsch war. Sie setzte sich aufs Sofa ihrer Mutter und zupfte am Kissenvolant.

»Mutter, ist es nicht eigentlich furchtbar herzlos von uns?« fragte sie.

»Liebling!« Mrs. Sheridan stand auf und kam zu ihr herüber, den Hut in der Hand. Bevor Laura sie daran hindern konnte, wurde er ihr aufgestülpt. »Liebes«, sagte ihre Mutter, »ich schenke dir den Hut! Er ist wie für dich gemacht! Für mich ist er viel zu jugendlich. Noch nie habe ich dich so bildhübsch gesehen. Schau dich an!« Und sie hielt ihr den Handspiegel vor.

»Aber Mutter«, begann Laura wieder. Sie konnte sich nicht anschauen; sie wandte sich ab. Diesmal verlor Mrs. Sheridan die Geduld – genau wie Jose es getan hatte.

»Du bist lächerlich, Laura!« sagte sie kalt. »Solche Leute erwarten keine Opfer von uns. Und es ist nicht sehr einfühlsam von dir, allen die Freude zu verderben, wie du es jetzt tust.«

»Ich verstehe es nicht«, sagte Laura und ging rasch aus dem Zimmer und in ihr eigenes Schlafzimmer. Ganz zufällig war das erste, was sie dort im Spiegel erblickte, ein reizendes junges Mädchen – in einem schwarzen Hut, geschmückt mit goldenen Maßliebchen und einem langen schwarzen Samtband. Nie hätte sie geglaubt, daß sie so aussehen könne. Hat Mutter recht? überlegte sie. Jetzt hoffte sie, daß ihre Mutter recht hatte. Bin ich überspannt? Vielleicht war sie überspannt. Nur einen Augenblick machte sie sich noch einmal ein Bild von der armen Frau und ihren kleinen Kindern und der Leiche, die ins Haus getragen wurde. Aber es schien alles verschwommen, unwirklich, wie ein Bild in der Zeitung. Ich will mich wieder daran erinnern, wenn das Fest vorbei ist, beschloß sie. Und irgendwie schien das weitaus der beste Plan zu sein.

Das Mittagessen war um halb zwei beendet. Um halb drei waren sie alle bereit für den ›Kampf‹. Die grünberockte Kapelle war eingetroffen und in einer Ecke des Tennisplatzes untergebracht worden.

»Oh, Liebes«, zwitscherte Kitty Maitland, »sehen sie nicht haargenau wie Laubfrösche aus? Ihr hättet sie rund um den Teich gruppieren sollen und den Dirigenten in der Mitte auf einem Blatt!«

Bruder Laurie traf ein und winkte, als er zum Umziehen ins Haus wollte. Bei seinem Anblick erinnerte sich Laura wieder an das Unglück. Sie wollte es ihm erzählen. Wenn Laurie den andern beipflichtete, dann mußte es in Ordnung sein. Und sie folgte ihm in die Halle. »Laurie!«

»Hallo!« Er war schon halb die Treppe hinauf, doch als er sich umdrehte und Laura sah, blies er plötzlich die Bakken auf und starrte sie mit Glotzaugen an. »Donnerwetter, Laura! Du siehst umwerfend aus!« sagte Laurie. »Was für ein phantastisch schicker Hut!«

Laura sagte leise: »Wirklich?«, und lächelte Laurie zu und erzählte es ihm schließlich doch nicht.

Bald darauf begannen die Leute hereinzuströmen. Die Kapelle legte los; die Lohndiener rannten vom Haus zum Festzelt. Wohin man blickte, schlenderten Paare umher, beugten sich über die Blumen, grüßten und gingen auf dem Rasen weiter. Sie glichen bunten Vögeln, die sich für diesen einen Nachmittag in Sheridans Garten niedergelassen hatten auf dem Flug wohin? Ach, was für ein Glück, mit Menschen zusammen zu sein, die alle glücklich sind, und Hände zu drücken und Wangen zu berühren und andern Augen zuzulächeln!

»Liebste Laura, wie gut du aussiehst!«

»Was für ein kleidsamer Hut, Kind!«

»Laura, du siehst richtig spanisch aus! Ich habe dich noch nie so bezaubernd gesehen!«

Und Laura erglühte und antwortete sanft: »Haben Sie Tee bekommen? Möchten Sie ein Eis? Das Passifloraeis ist wirklich etwas Besonderes!« Sie lief zu ihrem Vater und bat ihn: »Liebster Vater, kann die Kapelle nicht etwas zu trinken bekommen?«

Und der herrliche Nachmittag erblühte langsam, verwelkte langsam und schloß langsam seine Blütenblätter.

»Nie ein schöneres Gartenfest …« – »Sehr geglückt …« – »Das allernetteste …«

Laura half ihrer Mutter beim Verabschieden. Sie standen nebeneinander im Eingang, bis alles vorüber war. »Gott sei Dank ist alles vorbei«, sagte Mrs. Sheridan. »Trommle die andern zusammen, Laura! Laß uns frischen Kaffee trinken! Ich bin erschöpft! Ja, es war sehr geglückt, aber, oh, diese Feste, diese Feste! Warum besteht ihr Kinder immer darauf, Feste zu geben?« Und alle ließen sich im leeren Zelt nieder.

»Nimm ein Sandwich, Daddy! Ich habe die Fähnchen beschriftet.«

»Danke!« Mr. Sheridan biß hinein, und das Sandwich war weg. Er nahm noch eins. »Vermutlich habt ihr nichts von dem abscheulichen Unfall gehört, der sich heute ereignet hat?« fragte er.

»Wir wußten es, mein Lieber!« sagte Mrs. Sheridan und hob die Hand. »Es hätte uns fast das Fest verdorben. Laura wollte unbedingt, daß wir es verschieben.«

»O Mutter!« Laura mochte sich nicht damit hänseln lassen.

»Es war immerhin eine schreckliche Sache«, sagte Mr. Sheridan. »Der arme Mensch war obendrein verheiratet. Er wohnte gleich unten in der Gasse, und wie es heißt, hinterläßt er eine Frau und ein halbes Dutzend Kinder!«

Eine verlegene Pause trat ein. Mrs. Sheridan fingerte nervös an ihrer Tasse. Wirklich, es war sehr taktlos von Vater … Plötzlich blickte sie hoch. Vor ihr auf dem Tisch standen all die übriggebliebenen Sandwiches, Kuchen und Windbeutel – alle vergeudet. Sie hatte einen ihrer glänzenden Einfälle.

»Ich weiß was«, sagte sie. »Wir wollen einen Korb zurechtmachen und dem armen Geschöpf etwas von diesen tadellosen Sachen schicken! Für die Kinder wird es auf jeden Fall die größte Schlemmerei. Meint ihr nicht auch? Und sicher kommen Nachbarn zu ihr zu Besuch, und so weiter. Wie praktisch, dann schon alles fertig vorbereitet zu haben! Laura!« Sie sprang auf. »Hol mir den großen Korb aus dem Treppenverschlag!«

»Aber Mutter, glaubst du wirklich, daß es eine gute Idee ist?« fragte Laura.

Wie merkwürdig! Wieder schien sie sich von allen andern zu unterscheiden! Überbleibsel von ihrem Gartenfest zu nehmen – ob das der armen Frau wirklich gefiele?

»Natürlich! Was ist denn heute los mit dir? Vor ein, zwei Stunden wolltest du durchaus, daß wir Mitgefühl zeigen!« Also gut! Laura lief weg, um den Korb zu holen. Er wurde gefüllt, wurde jetzt von ihrer Mutter hoch aufgehäuft.

»Bring ihn selber, Liebling!« sagte sie. »Lauf so hinunter, wie du bist! Nein, warte, nimm auch noch die Cannalilien mit! Leute dieser Klasse lassen sich so von Cannalilien beeindrucken!«

»Die Stiele werden ihr Spitzenkleid verderben«, sagte die praktische Jose.

Das stimmte. Gerade noch rechtzeitig! »Dann nur den Korb! Und, Laura …« Ihre Mutter folgte ihr aus dem Zelt. »Auf keinen Fall sollst du …«

»Was, Mutter?«

Nein, besser, dem Kind keine solchen Gedanken in den Kopf zu setzen. »Nichts. Geh nur!«

Es begann dämmerig zu werden, als Laura ihr Gartentor schloß. Ein großer Hund rannte wie ein Schatten vorbei. Die Straße schimmerte weiß, und unten in der Senke standen die Hütten in tiefem Schatten. Wie still es schien nach diesem Nachmittag! Hier ging sie den Hügel hinab, irgendwohin, wo ein Mann tot dalag, und sie konnte es nicht begreifen. Warum konnte sie nicht? Sie blieb ein Weilchen stehen. Und ihr schien, daß Küsse, Stimmen, klirrende Löffel und Gelächter und der Geruch zertretenen Grases irgendwie in ihr drinnen waren. Für etwas anderes hatte sie keinen Platz. Wie seltsam! Sie blickte zum blassen Himmel auf, und alles, was sie dachte, war: ›Ja, es war ein überaus geglücktes Fest!‹

Jetzt wurde die breite Straße gekreuzt. Die Gasse begann – verqualmt und dunkel. Frauen in Schals und wollene Männermützen eilten vorbei. Männer lungerten über den Zäunen; Kinder spielten vor der Tür. Ein leises Summen stieg aus den armseligen kleinen Hütten auf. In einigen flackerte Licht, und ein Schatten zog krabbenartig über das Fenster. Laura senkte den Kopf und hastete weiter. Jetzt wünschte sie, sie hätte einen Mantel übergezogen. Wie ihr Kleid leuchtete! Und der große Hut mit dem flatternden Samtband – wenn es wenigstens ein andrer Hut gewesen wäre! Ob die Leute sie anstarrten? Sie mußten wohl! Es war ein Fehler, herzukommen, sie wußte es die ganze Zeit über, daß es ein Fehler war. Sollte sie selbst jetzt noch umkehren?

Nein, zu spät! Das hier war das Haus. Das mußte es sein. Eine dunkle Gruppe von Menschen stand draußen. Neben der Pforte saß eine uralte Frau mit Krücke auf einem Stuhl und beobachtete. Sie hatte die Füße auf einer Zeitung. Die Stimmen brachen ab, als Laura näher trat. Die Gruppe teilte sich. Es war, als hätte man sie erwartet, als hätten sie gewußt, daß sie herkäme.

Laura war furchtbar nervös. Sie warf das Samtband über die Schulter und fragte eine Frau, die herumstand: »Ist das Mrs. Scotts Haus?«, und die Frau lächelte sonderbar und sagte: »Ja, das ist es, Mädelchen!«

Oh, weit weg sein von alledem! Statt dessen sagte sie: »Gott, steh mir bei!«, als sie den kleinen Gartenweg entlangging und anklopfte. Weit weg sein von den starrenden Augen oder bedeckt sein mit irgendwas, wenigstens mit einem dieser Frauenschals! Ich werde einfach den Korb hierlassen und gehen, beschloß sie. Ich werde nicht mal abwarten, bis er ausgepackt ist!

Dann ging die Tür auf. Eine kleine Frau in Schwarz erschien im dämmerigen Licht.

Laura fragte: »Sind Sie Mrs. Scott?« Aber zu ihrem Entsetzen antwortete die Frau: »Treten Sie bitte ein, Miss!«, und sie stand eingeschlossen auf dem Flur.

»Nein«, sagte Laura. »Ich will nicht eintreten. Ich will nur den Korb hierlassen. Mutter schickt …«

Die kleine Frau im düsteren Flur schien sie nicht gehört zu haben.

»Bitte, hier entlang, Miss!« sagte sie mit öliger Stimme, und Laura folgte ihr.

Sie sah sich in einer armseligen Küche, die von einer blakenden Lampe erhellt wurde. Vor dem Feuer saß eine Frau.

»Emma«, sagte das kleine Geschöpf, das sie hereingelassen hatte, »Emma, hier ist eine junge Dame!« Sie wandte sich zu Laura um. Erklärend sagte sie: »Ich bin ihre Schwester, Miss. Sie entschuldigen sie, nicht wahr?«

»Oh, aber natürlich«, sagte Laura. »Bitte, bitte, stören Sie sie nicht! Ich wollte nur den Korb …«

Doch im gleichen Augenblick drehte sich die Frau vor dem Feuer um. Ihr Gesicht – verquollen, rot, mit geschwollenen Augen und Lippen – sah schrecklich aus. Sie schien nicht verstehen zu können, weshalb Laura da war. Was hatte es zu bedeuten? Warum stand diese Fremde mit einem Korb in der Küche? Was sollte das alles? Und das arme Gesicht verzog sich schmerzlich.

»Laß nur, Liebes«, sagte die andre. »Ich werde der jungen Dame danken!«

Und wieder begann sie: »Sie werden sie sicher entschuldigen, Miss«, und ihr Gesicht, das ebenfalls geschwollen war, bemühte sich um ein öliges Lächeln.

Laura wollte nur hinaus und weg. Sie stand wieder im Flur. Die Tür öffnete sich. Sie ging geradenwegs in das Schlafzimmer, wo der Tote lag.

»Sie wollten ihn gern ansehen, nicht wahr?« sagte Emmas Schwester und streifte an Laura vorbei zum Bett hinüber. »Fürchten Sie sich nicht, Mädelchen« – und jetzt klang ihre Stimme liebevoll und listig, und liebevoll zog sie das Leichentuch weg, »er sieht wie ein Bild aus! Nichts ist zu sehen! Kommen Sie nur, Kind!«

Laura trat vor.

Da lag ein junger Mann, lag schlafend, schlief so fest, so tief, daß er weit, weit weg von den beiden war; oh, so fern, so friedlich! Er träumte. Man durfte ihn nie mehr aufwekken! Sein Kopf war ins Kissen gesunken, seine Augen waren geschlossen, blind unter geschlossenen Lidern. Er war hingegeben an seinen Traum. Was kümmerten ihn Gartenfeste und Körbe und Spitzenkleider? Er war weit weg von solchen Dingen. Er war wundervoll, war schön. Während sie lachten und die Musik gespielt hatte, war dieses Wunder in die Gasse gekommen. Glücklich ... glücklich ... Alles ist gut, sagte das schlafende Gesicht. Es ist genauso, wie es sein soll. Ich bin zufrieden.

Doch trotzdem mußte man weinen, und sie konnte nicht aus dem Zimmer gehen, ohne etwas zu ihm zu sagen. Laura schluchzte laut und kindlich.

»Verzeih meinen Hut!« sagte sie.

Und diesmal wartete sie nicht auf Emmas Schwester. Sie fand den Weg zur Tür hinaus, den Gartenpfad entlang und an all den dunklen Leuten vorbei. An der Ecke stieß sie auf Laurie. Er trat aus den Schatten. »Bist du es, Laura?«

»Ja.«

»Mutter fing an, sich zu ängstigen. War alles recht?«

»Ja. Doch. O Laurie!« Sie nahm seinen Arm und schmiegte sich an ihn.

»Hör mal, du weinst doch nicht?« fragte der Bruder.

Laura schüttelte den Kopf. Sie weinte.

Laurie legte ihr den Arm um die Schulter. »Weine nicht!« sagte er mit seiner warmen, liebevollen Stimme. »War es schlimm?«

»Nein«, schluchzte Laura. »Es war einfach wunderbar! Aber, Laurie ...« Sie verstummte, sie blickte ihren Bruder an. »Ist das Leben ...«, stammelte sie, »ist das Leben nicht.« Aber wie das Leben war, konnte sie nicht erklären. Es machte nichts. Er verstand sie gut.

»Ja, nicht wahr, Liebes?« sagte Laurie.

Im Garten

Wer einen Garten hat, für den ist es jetzt Zeit, an die vielen Frühlingsarbeiten zu denken. Da geht man nachdenklich durch die schmalen Wegchen zwischen den leeren Beeten, an deren Nordrändern noch ein klein wenig gelber Schnee liegt und die noch gar nicht frühlingshaft aussehen. Auf den Wiesen, an Bachrändern und am Saume der warmen, steilen Weingärten treibt aber schon mancherlei grünes Leben, es stehen auch schon die ersten gelben Mattenblumen mit schüchtern-frohem Lebensmut im Gras und schauen mit offenen Kinderaugen in die stille, erwartungsvolle Welt. Aber im Garten ist außer den Schneeglöckchen noch alles tot; hier bringt der Frühling weniges von selber, und die nackten Beete warten geduldig auf Pflege und Samen.

Die Spaziergänger und Sonntagsnaturfreunde haben es jetzt wieder gut; sie können umhergehen und dem Wunder der Wiederbelebung vergnügt zuschauen. Sie sehen das Wiesengrün mit frohen farbigen Erstlingsblumen bestickt, die Bäume mit harzigen Knospen besetzt, sie schneiden sich Zweige mit silbernen Palmkätzchen ab, um sie daheim ins Zimmer zu stellen, und betrachten alle die Herrlichkeit mit einem behaglichen Erstaunen darüber, wie leicht und selbstverständlich das zugeht, dass alles zur rechten Zeit kommt und treibt und zu blühen beginnt. Sie haben wohl Gedanken, aber keinerlei Sorgen dabei, da sie nur das Gegenwärtige sehen und weder Nachtfröste noch Engerlinge noch Mäuse noch anderen Schaden zu fürchten brauchen.

Die Gartenbesitzer haben es in diesen Tagen nicht so beschaulich. Sie gehen umher und merken, dass manches versäumt ist, was noch im Winter hätte geschehen können; sie besinnen sich, was denn dies Jahr werden soll, sie betrachten mit Sorge die Beete und Bäume, die sich im vorigen Jahr schlecht gehalten haben, überzählen ihre Vorräte an Samen und Knollen, untersuchen auch das Gartenwerkzeug, finden den Spatenstiel abgebrochen und die Baumschere verrostet. – Natürlich geht es nicht allen so. Die Berufsgärtner haben ihre Gedanken auch den ganzen Winter über bei der Arbeit gehabt, und auch manche emsige Liebhaber und kluge Hausfrauen zeigen sich in allem wohlgerüstet. Bei ihnen fehlt kein Gerätstück, ist kein Messer eingerostet, kein Samenpaket feucht gelegen, keine Knolle noch Zwiebel im Keller verfault oder verlorengegangen; auch der ganze Gartenplan fürs neue Jahr ist fertig und durchgedacht, der etwa nötige Dung im Voraus bestellt und überhaupt alles musterhaft vorbereitet. Wohl ihnen; sie verdienen Lob und Bewunderung, und ihre Gärten werden auch dieses Jahr wieder alle Monate hindurch die unsrigen beschämend überglänzen.

Aber dagegen ist kein Kraut gewachsen. Wir anderen, wir Dilettanten und Faulpelze, wir Träumer und Winterschläfer, sehen uns eben wieder einmal vom Frühling überrascht und betrachten mit Bestürzung, was alles die fleißigeren Nachbarn schon getan haben, während wir ahnungslos in angenehmen Winterträumen lebten. Nun schämen wir uns, es pressiert plötzlich schrecklich, und indem wir dem Versäumten nachlaufen und unsere Scheren schleifen und dringend an die Samenhändler schreiben, gehen schon wieder halbe und ganze Tage ungenützt dahin.

Am Ende sind aber auch wir fertig und greifen zur Arbeit. Die ist nun in den ersten Tagen zwar wieder, wie immer, ahnungsvoll beglückend und erregend, aber auch schwer, und während der erste Schweiß des Jahres an der Stirn quillt und die Stiefel im weichen, schweren Boden einsinken und die Hände am Spatenstiel zu schwellen und weh zu tun beginnen, will uns schon die harmlose, zarte Märzensonne fast ein wenig zu warm vorkommen. Müde und mit schmerzendem Rücken kehren wir nach ein paar sauren Stunden ins Haus zurück, wo uns die Ofenwärme ganz wunderlich fremd und komisch anmutet, und sitzen den Abend bei Lampenlicht über unserem Gartenbuch, das so viele verlockende Dinge und Kapitel enthält, aber auch von so vielen herben und unlustigen Arbeiten erzählt. Immerhin, die Natur ist gütig, und es wird am Ende auch im Garten des Bequemen ein Beet voll Spinat, ein Beet voll Lattich, ein wenig Obst und zur Augenweide ein fröhlicher Sommerflor gedeihen.

Beim ersten mühsamen Umgraben des Bodens erscheinen Engerlinge, Käfer, Larven und Gespinste, die wir mit frohem Grimm vertilgen. In vertraulicher Nähe aber singt die Amsel und plaudern die Meisen. Die Sträucher und Bäume haben gut überwintert, ihre braunen Knospen lachen fett und verheißungsvoll, die Rosenstämmlein wanken leise im Winde und nicken in Träumen zukünftiger Herrlichkeit. Mit jeder Stunde wird das alles uns wieder mehr vertraut, wir ahnen überall den Sommer, und wir schütteln den Kopf und begreifen nicht mehr, wie wir den langen dumpfen Winter haben aushalten können. Ist es nicht ein Elend: fünf lange dunkle Monate ohne Garten, ohne Duft, ohne Blumen, ohne grünes Laub! Aber nun beginnt das alles wieder, und wenn auch heute der Garten noch öde liegt, so ist für den, der darin arbeitet, doch alles im Keim und in der Vorstellung schon da. Die Beete haben Leben, hier wird lichtgrüner Lattich stehen, da die lustigen Erbsen, dort die Erdbeeren. Wir ebnen den gegrabenen Boden, ziehen schöne glatte Reihen nach der Schnur, worein die Samen kommen sollen, und in den Blumenrabatten verteilen wir voraussehend die Farben und Formen, häufen Blau und Weiß, schmettern ein lachendes Rot dazwischen, säumen die Pracht hier mit Vergissmeinnicht und dort mit Reseden ein, sparen nicht mit dem leuchtenden Kapuziner und lassen auch, an einen sommerlichen Imbiss und Weintrunk denkend, hier und dort Platz für ein Büschel Radieschen.

Und mit der fortschreitenden Arbeit legen sich die törichten Freudewogen und werden ruhig, und wunderlich ergreift uns dies kleine, harmlose Gartenwesen mit Anklängen und Gedanken anderer Art. Es ist ja etwas von Schöpferlust und Schöpferübermut beim Gartenbau; man kann ein Stückchen Erde nach seinem Kopf und Willen gestalten, man kann sich für den Sommer Lieblingsfrüchte, Lieblingsfarben, Lieblingsdüfte schaffen. Man kann ein kleines Beet, ein paar Quadratmeter nackten Bodens zu einem Gewoge von Farben, zu einem Augentrost und Paradiesgärtlein machen. Allein es hat doch seine engen Grenzen. Schließlich muss man mit allen Gelüsten und aller Phantasie doch wollen, was die Natur will, und muss sie machen und sorgen lassen. Und die Natur ist unerbittlich. Sie lässt sich etwas abschmeicheln, lässt sich scheinbar einmal überlisten, aber nachher fordert sie desto strenger ihr Recht.

Man kann als Lustgärtner in den paar allzu kurzen warmen Monaten viel beobachten. Wenn man will und dazu veranlagt ist, sieht man nichts als Fröhliches: Überschwang der Erdkraft im Zeugen und Bilden, Spiellaune und Phantasie der Natur in Gebilden und Farben, lustiges Kleinleben mit manchen Anklängen ans Menschliche, denn es gibt auch unter den Gewächsen gute und schlechte Haushalter, Sparer und Verschwender, stolz Genügsame und Schmarotzer. Es gibt Pflanzen, deren Art und Leben philiströs und hausbacken ist, und andere, die es recht wie Herren und Genießer treiben; es gibt unter ihnen gute Nachbarn und schlimme, Freundschaften und Abneigungen. Es gibt Gewächse, die treiben und leben und sterben wild und zügellos und ohne Maß, und es gibt arme Benachteiligte, die hungern sich kümmerlich durch ein blasses und schweres Dasein. Manche zeugen, vermehren sich und wuchern mit einer fabelhaften Üppigkeit, anderen muss man die Nachkommenschaft mühsam entlocken.

Erstaunlich und bedenklich ist mir immer die ungeheure Schnelligkeit und Hast, mit welcher so ein Gartensommer kommt und geht. Ein paar Monate – und in dieser kurzen Zeit wachsen, brüsten sich, leben, welken und sterben in den Beeten die Geschlechter. Kaum ist so ein Beet voll junger Kräutchen gepflanzt, begossen, gedüngt, da treibt es schon und wächst und tut groß mit seinem vergänglichen Gedeihen – und kaum, dass der Mond zwei-, dreimal wechselt, da ist die junge Pflanzung schon alt und hat ihren Zweck erfüllt, wird ausgerottet und muss neuem Leben Platz machen. Bei keiner Beschäftigung und bei keinem Nichtstun geht ein Sommer so erschreckend rasch und eilig dahin wie beim Gärtnern.

Und dann ist in einem Garten der enge Kreislauf alles Lebens noch enger und deutlicher und einleuchtender zu sehen als irgendwo sonst. Kaum hat das Gartenjahr begonnen, so gibt es auch schon Abfälle, Leichen, abgeschnittene Triebe, gestutzte Stengel, erstickte oder sonst umgekommene Pflanzen, und jede Woche werden es mehr. Sie kommen alle, zusammen mit dem Küchenabfall, mit Äpfel-, Zitronen- und Eierschalen und allerlei Kehricht auf den Dunghaufen; ihr Welken und Vergehen und Verwesen ist nicht gleichgültig, es wird bewacht, und nichts wird weggeworfen. Sonne, Regen, Nebel, Luft, Kälte zersetzen den unschönen Haufen, den der Gärtner sorgfältig bewahrt, und kaum ist wieder ein Jahr um und ein Gartensommer verblüht, so sind alle die Leichen schon verwest und kommen wieder in den Boden, den sie fett und schwarz und fruchtbar machen müssen, und es geht wieder nicht lange, so steigen aus dem trüben Schutt und Tod von neuem Keime und Sprossen, so kehrt das Faule und Aufgelöste mit Macht in neuen, schönen, farbigen Gestalten wieder. Und der ganze, einfache und sichere Kreislauf, der dem Menschen so viel und schwer zu denken gibt und an dem alle Religionen ahnungsvoll verehrend deuten, geht in jedem kleinen Gärtchen so still und rasch und deutlich vor sich. Kein Sommer, der sich nicht vom Tode des vorigen nährt. Und kein Gewächs, das nicht ebenso still und sicher zu Erde wird, wie es aus Erde zur Pflanze ward.

In meinem kleinen Garten säe ich mit froher Frühlingserwartung Bohnen und Salat, Reseden und Kressen, und dünge sie mit den Resten ihrer Vorgänger, denke an diese zurück und an die kommenden Pflanzengeschlechter voraus. Wie jedermann nehme ich diesen wohlgeordneten Kreislauf hin als eine selbstverständliche und im Grunde innig schöne Sache; und nur zuweilen kommt es mir im Säen und Ernten für Augenblicke in den Sinn, wie merkwürdig es doch ist, dass von allen Geschöpfen der Erde nur allein wir Menschen an diesem Lauf der Dinge etwas auszusetzen haben und mit der Unsterblichkeit aller Dinge nicht zufrieden sind, sondern für uns eine persönliche, eigene, besondere haben wollen.

Die Rache des Rasens

Meine Großmutter strahlt, auf ihre Weise, wie ein Leuchtfeuer die stürmische amerikanische Vergangenheit hinunter. Sie betrieb eine Schwarzbrennerei in einem kleinen Bezirk oben im Staate Washington. Und sie war eine stattliche Frau, fast einsachtzig groß, die ihre 170 Pfund mit der imposanten opernhaften Grazie der frühen Jahre unseres Jahrhunderts trug. Und ihre Spezialität war Bourbon, nicht gerade ein Spitzenwhiskey, aber eine willkommene Erfrischung in jenen Tagen des Volstead-Gesetzes.

Sie war natürlich kein weiblicher Al Capone, aber ihre Leistungen auf dem Gebiet der Schwarzbrennerei waren die Quelle unzähliger Legenden in ihrem Waldzipfel, wie man so sagt. Über Jahre hinweg hatte sie den Bezirk in der Tasche. Der Sheriff rief sie immer jeden Morgen an und gab ihr den Wetterbericht durch und berichtete, wie die Hühner legten.

Ich kann mir gut vorstellen, wie sie mit dem Sheriff gesprochen hat: »Na ja, Sheriff, hoffentlich gehts Ihrer Mutter bald wieder besser. Ich war letzte Woche selber erkältet und hab ziemliche Halsschmerzen gehabt. Ich hab immer noch nen Schnupfen. Sagen Sie ihr einen schönen Gruß von mir, und sie soll mal hereinschauen, wenn sie das nächste

Mal zu uns herunterkommt. Und wenn Sie die Kiste wollen, können Sie sie abholen, oder ich laß sie rüberbringen, sobald Jack mit dem Wagen zurück ist.

Nein, ich weiß nicht, ob ich heuer auf den Feuerwehrball gehe, aber Sie wissen ja, mein Herz schlägt mit den Feuerwehrleuten. Sagen Sie das den Jungs, falls Sie mich heute abend dort nicht sehen. Nein, ich werde sehen, daß ich kommen kann, aber ich hab mich immer noch nicht ganz von meiner Erkältung erholt. Abends packt sie mich sozusagen immer erst richtig.«

Meine Großmutter wohnte in einem dreistöckigen Haus, das auch damals schon alt war. Im Vorgarten stand ein Birnbaum, den der Regen schon ziemlich entwurzelt hatte, weil seit Jahren kein Rasen mehr da war.

Auch der Lattenzaun, der einmal den Rasen umgeben hatte, war weg, und die Leute fuhren ihre Autos einfach bis an die Veranda heran. Im Winter war der Vorgarten ein einziges Schlammloch, und im Sommer war er steinhart.

Jack fluchte immer auf den Vorgarten, als wäre er ein Lebewesen. Jack war der Mann, der dreißig Jahre lang bei meiner Großmutter lebte. Er war aber nicht mein Großvater, er war ein Italiener, der eines Tages die Straße heruntergekommen war und Grundstücke in Florida angeboten hatte.

In einem Land, in dem die Leute Äpfel aßen und in dem es viel regnete, verkaufte er an der Tür eine Vision ewiger Orangen und ewigen Sonnenscheins.

Jack kam zu meiner Großmutter, um ihr ein Grundstück, nur einen Steinwurf vom Zentrum Miamis, zu verkaufen, und eine Woche später fuhr er ihren Whiskey aus.

Er blieb dreißig Jahre lang, und Florida mußte ohne ihn weitermachen.

Jack haßte den Vorgarten, weil er glaubte, der sei gegen ihn. Als Jack kam, war ein wunderschöner Rasen im Vorgarten, aber er ließ ihn zu einem Nichts verkümmern. Er weigerte sich, ihn zu gießen oder sich sonst in irgendeiner Weise drum zu kümmern.

Jetzt war der Boden so hart, daß Jacks Autoreifen im Sommer manchmal Löcher bekamen. Der Garten fand immer einen Nagel, den er in einen seiner Reifen stecken konnte, oder der Wagen versank aus dem Blickfeld, wenn im Winter die starken Regenfälle kamen.

Der Rasen hatte meinem Großvater gehört, der seinen Lebensabend in einer Nervenklinik verbrachte. Er war sein Stolz und seine Freude, und es hieß, er sei der Ort, von dem er seine Kräfte empfange.

Mein Großvater war einer der weniger bedeutenden Mystiker Washingtons, und 1911 prophezeite er auf den Tag genau, wann der Erste Weltkrieg anfangen würde: am 28. Juni 1914, aber es war einfach zuviel für ihn. Es war ihm nicht vergönnt, die Früchte seiner Mühen zu genießen, weil sie ihn 1913 einliefern mußten; er verbrachte siebzehn Jahre in der staatlichen Nervenklinik und glaubte, er wäre noch ein Kind und es wäre in Wirklichkeit der 3. Mai 1872.

Er glaubte, daß er sechs Jahre alt wäre und daß es bewölkt wäre und bald regnen würde und daß seine Mutter gerade dabei wäre, einen Schokoladenkuchen zu backen. Für meinen Großvater war es immer 3. Mai 1872, bis er 1930 starb. Es dauerte siebzehn Jahre, bis der Schokoladenkuchen gebacken war. Wir hatten ein Foto meines Großvaters. Ich sehe ihm sehr ähnlich. Der einzige Unterschied ist, daß ich über einsachtzig groß bin und er nicht ganz einsfünfzig war. Er hatte die dunkle Idee, daß es helfen würde, so klein zu sein, so nah an der Erde und seinem Rasen, daß es helfen würde, den genauen Tag zu prophezeien, an dem der Erste Weltkrieg anfangen würde.

Es war eine Schande, daß der Krieg ohne ihn anfing. Wenn er seine Kindheit nur noch ein Jahr hätte zurückhalten können, dem Schokoladenkuchen ausgewichen wäre, dann wären alle seine Träume wahr geworden.

Das Haus meiner Großmutter hatte zwei große Dellen, die nie ausgebessert wurden, und eine davon ist so entstanden: Im Herbst wurden die Birnen auf dem Baum im Vorgarten reif, und die Birnen fielen auf den Boden und verfaulten dann, und Bienen kamen zu Hunderten und drängten sich auf den Birnen.

Die Bienen hatten irgendwann im Lauf der Zeit die Gewohnheit angenommen, Jack ein- oder zweimal pro Jahr zu stechen. Sie stachen ihn immer auf sehr originelle Art.

Einmal war eine Biene in seine Brieftasche geraten, und er ging, um etwas fürs Essen einzukaufen, zum Laden hinunter, nicht ahnend, welches Unheil er in seiner Tasche trug.

Er nahm die Brieftasche heraus, um die Lebensmittel zu bezahlen.

»Das macht dann 72 Cent«, sagte der Krämer.

»AAAAAAAAAAAAAAAAAAAAAA!« antwortete Jack, schaute auf seine Hand und sah eine Biene, die damit beschäftigt war, ihn in den kleinen Finger zu stechen.

Die erste große Delle im Haus wurde von einer anderen Biene verursacht, die auf Jacks Zigarre landete, als er in jenem birnenreichen Herbst, in dem die Börse zusammenbrach, mit dem Wagen in den Vorgarten fuhr.

Die Biene rannte die Zigarre hinunter – Jack konnte sie nur mit vor Schreck verdrehten Augen anstarren – und stach ihn in die Oberlippe. Jack reagierte darauf, indem er den Wagen unverzüglich gegen das Haus fuhr.

Im Vorgarten ereignete sich noch allerhand, nachdem Jack den Rasen vor die Hunde hatte gehenlassen. Eines Tages, im Jahre 1932, war Jack unterwegs, er mußte für meine Großmutter etwas erledigen oder etwas ausliefern. Sie wollte die alte Whiskey-Maische ausräumen und eine neue Ladung fertig machen.

Weil Jack weg war, beschloß sie, es selber zu machen. Großmutter zog die Eisenbahner-Overalls an, die sie immer anhatte, wenn sie am Destillierapparat arbeitete, dann lud sie eine Schubkarre voll Maische und kippte sie draußen in den Vorgarten.

Sie hatte eine Schar schneeweißer Gänse, die vorm Haus herumzogen und in der Garage hausten, in der der Wagen seit der Zeit nicht mehr geparkt worden war, in der Jack ankam und Zukunftsträume in Florida verkaufte.

Jack hatte da so seine eigenen Ideen, er fand, es wäre völlig verkehrt, wenn ein Auto ein Haus hätte. Ich glaube, das war etwas, was er in der alten Heimat gelernt hatte. Er begründete das auf italienisch, weil das die einzige Sprache war, die Jack benutzte, wenn er über die Garage sprach. Für alles andere benutzte er Englisch, aber für die Garage durfte es nur Italienisch sein.

Nachdem Großmutter die Maische in der Nähe des Birnbaums ausgekippt hatte, ging sie zurück in den Keller an den Destillierapparat, und die Gänse versammelten sich um die Maische und beredeten die ganze Angelegenheit. Sie kamen höchstwahrscheinlich zu einem allerseits annehmbaren Beschluß, jedenfalls machten sie sich alle über die Maische her. Während sie so die Maische fraßen, bekamen ihre Augen einen immer stärkeren Glanz, und ihre Stimmen wurden, vor überschwenglichem Entzücken an der Maische, immer lauter und lauter.

Nach einer Weile steckte eine der Gänse ihren Kopf in die Maische und vergaß, ihn wieder herauszuziehen. Eine andere schnatterte wie verrückt und versuchte, auf einem Bein zu stehen und eine W. C. Fields-Parodie eines Storchs zum besten zu geben. Sie verharrte etwa eine Minute in dieser Stellung, bevor sie auf ihre Schwanzfedern fiel.

Meine Großmutter fand sie alle in der Position um die Maische herumliegen, in der sie hingefallen waren. Sie sahen aus, als wären sie mit einem Maschinengewehr umgesäbelt worden. In den Höhen ihrer opernhaften Erhabenheit schien ihr, sie wären alle tot.

Sie reagierte darauf, indem sie ihnen alle Federn ausrupfte, ihre kahlen Körper in die Schubkarre staute und sie in den Keller verfrachtete. Sie brauchte fünf Fuhren, um sie alle zu versorgen.

Sie stapelte sie wie Klafterholz in der Nähe des Destillierapparats und wartete, daß Jack zurückkäme und sich der Gänse in einer Weise annähme, die sowohl für einen Mittagsbraten als auch für einen kleinen Profit sorgen würde, den man beim Verkauf der Gänse in der Stadt machen könnte. Als sie mit dem Destillierapparat fertig war, ging sie nach oben und legte sich zu einem Nickerchen hin.

Ungefähr eine Stunde später wachten die Gänse auf. Sie hatten einen verheerenden Kater. Erschöpft hatten sie sich alle irgendwie aufgerappelt, als plötzlich eine von ihnen merkte, daß sie überhaupt keine Federn mehr hatte. Sie klärte auch die anderen über ihren Zustand auf. Sie waren alle am Verzweifeln.

Verzweifelt und unsicher zogen sie aus dem Keller. Sie standen alle in einer Gruppe in der Nähe des Birnbaums beisammen, als Jack in den Vorgarten fuhr.

Als er die entfiederten Gänse da stehen sah, muß ihn wohl die Erinnerung an die Biene überkommen haben, die ihn in den Mund gestochen hatte, denn plötzlich riß er sich wie ein Verrückter die Zigarre aus dem Mund und schleuderte sie mit ganzer Kraft von sich. Das führte dazu, daß seine Hand durch die Windschutzscheibe fuhr. Eine Glanzleistung, die ihn zweiunddreißig Stiche kostete.

Die Gänse standen unter dem Birnbaum und glotzten unaufhörlich wie eine hilflose, primitive amerikanische Aspirinreklame, als Jack zum zweiten- und letztenmal im zwanzigsten Jahrhundert gegen das Haus fuhr.

Das erste in meinem Leben, woran ich mich überhaupt erinnern kann, passierte im Vorgarten meiner Großmutter. Das war entweder im Jahre 1936 oder 1937. Ich erinnere mich an einen Mann, wahrscheinlich Jack, der einen Birnbaum umschlägt und mit Kerosin tränkt.

Es ist schon ein seltsamer Anblick, sogar für eine erste Erinnerung, wenn man sieht, wie ein Mann kübelweise Kerosin über einen Baum schüttet, der – etwa neun Meter lang – auf dem Boden liegt, und wie er ihn dann anzündet, während die Frucht an den Zweigen noch grün ist.

DÖRTE HANSEN

Kirschbäume

In manchen Nächten, wenn der Sturm von Westen kam, stöhnte das Haus wie ein Schiff, das in schwerer See hin- und hergeworfen wurde. Kreischend verbissen sich die Böen in den alten Mauern.

So klingen Hexen, wenn sie brennen, dachte Vera, oder Kinder, wenn sie sich die Finger klemmen.

Das Haus stöhnte, aber es würde nicht sinken. Das struppige Dach saß immer noch fest auf seinen Balken. Grüne Moosnester wucherten im Reet, nur am First war es durchgesackt.

Vom Fachwerk der Fassade war die Farbe abgeblättert, und die rohen Eichenständer steckten wie graue Knochen in den Mauern. Die Inschrift am Giebel war verwittert, aber Vera wusste, was da stand: *Dit Huus is mien un doch nich mien, de no mi kummt, nennt't ook noch sien.*

Es war der erste plattdeutsche Satz, den sie gelernt hatte, als sie an der Hand ihrer Mutter auf diesen Altländer Hof gekommen war.

Der zweite plattdeutsche Satz kam von Ida Eckhoff persönlich und war eine gute Einstimmung gewesen auf die gemeinsamen Jahre, die noch kommen sollten: »Woveel koomt denn noch vun jau Polacken?« Ihr ganzes Haus war voll von Flüchtlingen, es reichte.

Hildegard von Kamcke hatte keinerlei Talent für die Opferrolle. Den verlausten Kopf erhoben, dreihundert Jahre ostpreußischen Familienstammbaum im Rücken, war sie in die eiskalte Gesindekammer neben der Diele gezogen, die Ida Eckhoff ihnen als Unterkunft zugewiesen hatte.

Sie hatte das Kind auf die Strohmatratze gesetzt, ihren Rucksack abgestellt und Ida mit ruhiger Stimme und der korrekten Artikulation einer Sängerin den Krieg erklärt: »Meine Tochter bräuchte dann bitte etwas zu essen.« Und Ida Eckhoff, Altländer Bäuerin in sechster Generation, Witwe und Mutter eines verwundeten Frontsoldaten, hatte sofort zurückgefeuert: »Von mi gift dat nix!«

Vera war gerade fünf geworden, sie saß frierend auf dem schmalen Bett, die feuchten Wollstrümpfe kratzten, der Ärmel ihres Mantels war getränkt vom Rotz, der ihr unaufhörlich aus der Nase lief. Sie sah, wie ihre Mutter sich sehr dicht vor Ida Eckhoff aufbaute und mit feinem Vibrato und spöttischem Lächeln zu singen begann: *Ja, das Schreiben und das Lesen ist nie mein Fach gewesen. Denn schon von Kindesbeinen befasst ich mich mit Schweinen …*

Ida war so perplex, dass sie sich bis zum Refrain nicht vom Fleck rührte. *Mein idealer Lebenszweck ist Borstenvieh, ist Schweinespeck,* sang Hildegard von Kamcke, holte in ihrer Flüchtlingskammer zur großen Operettengeste aus und sang noch, als Ida längst kalt vor Wut an ihrem Küchentisch saß.

Als es dunkel wurde und im Haus alles ruhig war, schlich Hildegard durch die Diele nach draußen. Sie kam zurück mit einem Apfel in jeder Manteltasche und einem Becher kuhwarmer Milch. Als Vera ausgetrunken hatte, wischte

Hildegard den Becher mit ihrem Mantelsaum aus und stellte ihn leise zurück in die Diele, bevor sie sich zu ihrer Tochter auf die Strohmatratze legte.

Zwei Jahre später kam Karl Eckhoff heim aus russischer Gefangenschaft, das rechte Bein steif wie ein Knüppel, die Wangen so hohl, als hätte er sie nach innen gesogen, und Hildegard von Kamcke musste ihre Milch noch immer stehlen.

Von mi gift dat nix. Ida Eckhoff war ein Mensch, der Wort hielt, aber sie wusste, dass die *Person* jede Nacht in ihren Kuhstall ging. Irgendwann stellte sie neben den alten Becher in der Diele eine Kanne. Es musste beim nächtlichen Melken nicht auch noch die Hälfte danebengehen. Sie zog den Schlüssel für das Obstlager abends nicht mehr ab, und manchmal gab sie dem Kind ein Ei, wenn es mit dem viel zu großen Besen die Diele gefegt oder ihr beim Bohnenschneiden *Land der dunklen Wälder* vorgesungen hatte.

Als im Juli die Kirschen reif wurden und in den Höfen jedes Kind gebraucht wurde, um die Stare zu vertreiben, die sich in riesigen Schwärmen auf die Kirschbäume stürzten, stampfte Vera wie ein aufziehbarer Trommelaffe durch die Baumreihen, drosch mit einem Holzlöffel auf einen alten Kochtopf ein und grölte in endloser Wiederholung alle Lieder, die ihre Mutter ihr beigebracht hatte, nur das mit dem Schweinespeck ließ sie aus.

Ida Eckhoff konnte sehen, wie das Kind Stunde um Stunde durch den Kirschhof marschierte, bis ihm das dunkle Haar in feuchten Kringeln am Kopf klebte. Um die Mittagszeit war das Kindergesicht dunkelrot angelaufen. Vera wurde langsamer, begann zu straucheln, hörte aber nicht mit dem Trommeln auf und mit dem Singen, marschierte taumelnd weiter wie ein erschöpfter Soldat, bis sie kopfüber in das gemähte Gras zwischen den Kirschbäumen kippte.

Die plötzliche Stille ließ Ida aufhorchen, sie lief zur großen Tür und sah das ohnmächtige Mädchen im Kirschhof liegen. Ärgerlich schüttelte sie den Kopf und lief zu den Bäumen, hob das Kind wie einen Kartoffelsack auf die Schulter und schleppte es zu der weißen Holzbank, die im Schatten einer großen Linde neben dem Haus stand.

Diese Bank war für Gesinde und Flüchtlinge tabu, sie war Ida Eckhoffs Hochzeitsbank gewesen, und jetzt war sie ihre Witwenbank. Außer ihr und Karl hatte hier niemand zu sitzen, aber nun lag das Polackenkind mit Sonnenstich auf der Bank und musste wieder zu sich kommen.

Karl kam aus dem Schuppen angehumpelt, aber Ida war schon an der Pumpe, ließ kaltes Wasser in den Eimer laufen. Sie nahm das Küchentuch, das sie immer über der Schulter trug, tauchte es ein, legte es wie einen Kopfverband zusammen und drückte es dem Kind auf die Stirn. Karl hob die nackten Füße an und legte ihre Beine über die weiße Lehne der Bank.

Aus dem Kirschhof drang das entfernte Klappern der Holzrasseln und Kochtopfdeckel. Hier, dicht am Haus, wo es jetzt viel zu still geworden war, wagten sich die ersten Stare schon wieder in die Bäume. Man konnte sie in den Zweigen rascheln hören und schmatzen.

Früher hatte Karl sie von den Bäumen geschossen, mit seinem Vater; sie waren mit ihren Schrotflinten durch die Spaliere der Kirschbäume gezogen, hatten wie im Rausch hineingeballert in die schwarzen Schwärme. Hinterher war es ernüchternd, die kaputten kleinen Vögel einzusammeln. Die große Wut und dann das kümmerliche Büschel Federn.

Vera kam wieder zu sich, würgte, drehte den Kopf zur Seite und erbrach sich auf der weißen Hochzeitsbank unter Ida Eckhoffs herrschaftlicher Linde. Sie fuhr heftig zusammen, als ihr das bewusst wurde, wollte aufspringen, aber die Linde drehte sich über ihrem Kopf, die hohe Baumkrone mit den herzförmigen Blättern schien zu tanzen, und Idas breite Hand drückte sie auf die Bank zurück.

Karl kam aus dem Haus mit einem Becher Milch und einem Butterbrot, er setzte sich neben Vera auf die Bank, und Ida schnappte sich den Holzlöffel und den verbeulten Topf, um die dreisten Vögel zu verscheuchen, die sich auf ihrem Hof breitmachten und fraßen, was ihnen nicht zustand.

Karl wischte dem Kind mit dem feuchten Küchentuch das Gesicht sauber. Als Vera sah, dass Ida weg war, trank sie schnell die kalte Milch und schnappte sich das Brot. Sie stand auf und machte einen wackeligen Knicks, dann trippelte sie barfuß über das heiße Kopfsteinpflaster, die Arme seitlich ausgestreckt, als tanzte sie auf einem Seil.

Karl sah sie zurück zu den Kirschbäumen gehen.

Er steckte sich eine Zigarette an, wischte die Bank sauber und warf das Tuch ins Gras. Dann legte er den Kopf in den Nacken, nahm einen tiefen Zug und machte schöne runde Rauchringe, die hoch in die Krone der Linde schwebten.

Seine Mutter wütete immer noch mit dem alten Kochtopf durch die Baumreihen.

Du liegst auch gleich mit Sonnenstich im Gras, dachte Karl, trommel du ruhig.

Ida lief dann selbst ins Haus, holte die Flinte und schoss in die Vogelschwärme, ballerte in den Himmel, bis sie den letzten Fresser aus den Kirschen geholt oder wenigstens für eine Weile verscheucht hatte. Und ihr Sohn, der zwei gesunde Arme hatte und ein heiles Bein, saß auf der Bank und sah ihr zu.

Alles dran, Gott sei Dank!, hatte Ida Eckhoff gedacht, als er ihr vor acht Wochen auf dem Bahnsteig entgegengehumpelt kam. Dünn war er ja immer gewesen, müde sah er aus, das Bein zog er nach, aber es hätte doch viel schlimmer kommen können. Friedrich Mohr hatte seinen Sohn ohne Arme zurückbekommen, der konnte nun sehen, was aus seinem Hof wurde. Und Buhrfeindts Paul und Heinrich waren beide gefallen. Ida konnte froh sein, dass sie ihren einzigen Sohn in so gutem Zustand nach Hause gekriegt hatte.

Und das andere, die Schreierei in der Nacht und das nasse Bett manchmal am Morgen, das war nichts Ernstes. Die Nerven, sagte Dr. Hauschildt, das würde sich bald geben.

Als im September die Äpfel reif wurden, saß Karl immer noch auf Idas weißer Bank und rauchte. Schöne runde Ringe blies er in die goldene Krone der Linde, und an der Spitze der Pflückerkolonne, die sich Korb für Korb durch die Apfelbaumreihen arbeitete, stand Hildegard von Kamcke. Aus Preußen sei sie ja ganz andere Flächen gewöhnt, hatte sie gesagt, und Ida hatte wieder einmal große Lust gehabt, das hochmütige Weib stante pede vom Hof zu jagen. Aber sie konnte nicht auf sie verzichten. Sie biss sich die Zähne aus an dieser schmalen Frau, die sich frühmorgens auf das Fahrrad schwang wie auf ein Reitpferd und in tadelloser Haltung zum Melken fuhr. Die im Obsthof schuftete, bis der letzte Apfel vom Baum war, die im Stall die Forke schwang wie ein Kerl und dabei Mozart-Arien sang, was die Kühe nicht beeindruckte.

Aber Karl auf seiner Bank gefiel es sehr.

Und Ida, die nicht geweint hatte, seit ihr Friedrich vor acht Jahren leblos wie ein Kreuz im Entwässerungsgraben trieb, stand am Küchenfenster und heulte, weil sie sah, wie Karl unter der Linde saß und lauschte.

Fühlst du nicht der Liebe Sehnen … sang Hildegard von Kamcke und dachte dabei wohl an einen anderen, der tot war. Und sie wusste so gut wie Ida, dass da draußen auf der Bank nicht mehr der Karl saß, auf den die Mutter jahrelang gewartet hatte.

Ihr Hoferbe Karl Eckhoff, stark und hoffnungsvoll, war im Krieg geblieben. Einen Pappkameraden hatten sie ihr zurückgebracht. Freundlich und fremd wie ein Reisender saß ihr Sohn auf der Hochzeitsbank und schickte Rauchringe in den Himmel. Und in den Nächten schrie er.

Als der Winter kam, baute Karl leise pfeifend einen Puppenwagen für die kleine Vera von Kamcke, und Weihnachten saß die hergelaufene Gräfin mit ihrem ewig hungrigen Kind zum ersten Mal an Ida Eckhoffs großem Esstisch in der Stube.

Im Frühling, als es Kirschblüten schneite, spielte Karl Akkordeon auf seiner Bank, und Vera setzte sich dazu.

Und im Oktober, nach der Apfelernte, zog Ida Eckhoff auf ihr Altenteil und hatte eine Schwiegertochter, die sie achten konnte und hassen musste.

Dit Huus is mien un doch nich mien …

Die alte Inschrift galt für beide. Sie waren ebenbürtig, sie lieferten sich schwere Schlachten in diesem Haus, das Ida nicht hergeben und Hildegard nicht mehr verlassen wollte.

Die jahrelange Schreierei, die Flüche, das Türenknallen, das Krachen der Kristallvasen und Goldrandtassen zogen in die Ritzen der Wände, setzten sich wie Staub auf Dielenbrettern und Deckenbalken ab. In stillen Nächten konnte Vera sie noch hören, und wenn es stürmisch wurde, fragte sie sich, ob es wirklich der Wind war, der da so wütend heulte.

Kein Staat mehr zu machen mit deinem Haus, Ida Eckhoff, dachte sie.

Vor dem Fenster stand die Linde und schüttelte den Sturm aus ihren Zweigen.

Gladys und der Rasenmäher

Wie peinlich, ein Huhn als Schoßtier zu haben! Andere Leute haben schicke Schoßtiere: Irish Wolf Hounds, Siamesen, ja sogar Geparde. Doch ich habe nichts Besseres zu bieten als ein Huhn, und das gehört nicht einmal mir, sondern meiner achtzigjährigen Nachbarin in einem Bergdorf in der Nähe von Belluno. Möglich wäre, dass das Huhn sich einfach in meinen Rasenmäher verliebt hat und mich nur in Kauf nimmt, um Zugang zu ihm zu haben. Die Sache ist höchst unklar und alles andere als schick. Angefangen hat es vor zwei Jahren, als eines der sechs Hühner meiner Nachbarin – ein beigeweißes, also ganz gewöhnlich aussehendes Huhn – immer dann über die Straße getrippelt kam, wenn ich das Gras mähte, und in der eben gemähten Bahn nach Käfern und Grillen pickte, die durch das Mähen ihrer Deckung beraubt worden waren. Bald brauchte ich nur den Motor anzulassen, schon kam es die Einfahrt herauf und über die Straße gerast und hüpfte neben dem Rasenmäher her, ohne die geringste Angst, was dessen Klinge bei einem unbedachten Schritt mit ihm anrichten könnte.

An manchen Tagen tauchte es auch dann vor dem Haus auf, wenn es kein Gras zu mähen gab, und da Hühner allem Anschein nach immer hungrig sind, warf ich ihm jeweils ein Stückchen Brot, Käse oder was sonst gerade im Haus war, zu. So gewöhnte es sich an aufzutauchen, sobald mein Wagen in die Einfahrt einbog. Es hat schon seinen Reiz, ein Schoßtier zu haben, das Ihnen entgegenrennt, wenn Sie in Ihrem Sommerhaus eintreffen. Handelte es sich dabei um einen englischen Setter oder auch nur um eine schlappohrige Straßenmischung, dann hätte der Vorgang eine gewisse Eleganz; doch einem Huhn, das schief und mit wackelndem Kopf angaloppiert kommt, geht jegliche Eleganz ab, egal, wie sehr es sich über Ihre Ankunft freut.

Es brauchte einen Namen, und schon drängte sich einer auf: Gladys. Er passte irgendwie zu einem kleinen beigefarbenen Huhn mit einer Vorliebe für Carr's Table Water Biscuits und Mozzarella. Binnen Tagen fraß mir Gladys aus der Hand und kam, wenn ich über die Straße ging und ihren Namen rief. Binnen kürzester Zeit war ich diejenige, die auf ihre Aufforderungen reagierte: Sowie Gladys vor der Tür erschien, beeilte ich mich, ihr zu willfahren und ein Stück Brot oder eine Traube zuzuwerfen. Jemand machte gar ein Foto von ihr und ließ ein weißes T-Shirt damit bedrucken, das ich manchmal beim Grasschneiden trage. Venedig ist einfach noch nicht reif für dieses T-Shirt.

Als ich vor drei Tagen spätnachmittags eintraf, kam meine Nachbarin, noch bevor ich aus dem Auto gestiegen war, über die Straße, um mit mir zu sprechen. »È morta«, sagte sie, sichtlich erschüttert, und ich wusste, von wem sie sprach. Einer der Männer aus dem Dorf sei vor zwei Tagen mit seinen deutschen Schäferhunden vorbeispaziert, und diese hätten getan, was Hunde tun, wenn sie Hühner sehen: Sie hätten eines angegriffen und geschüttelt und dabei so schlimm zugerichtet, dass meine Nachbarin es habe töten müssen. Ich stellte fest, dass mir dies zu schaffen machte. Wenn Sie ein Schoßtier gehabt haben, das sich Ihnen gegenüber anhänglich gezeigt hat, dann schmerzt sein Tod eben, auch wenn es nur ein Huhn war und nicht wirklich Ihnen gehört hat. Ich fragte meine Nachbarin, ob sie sicher sei – immerhin sahen vier ihrer Hühner völlig gleich aus –, doch sie versicherte mir: »*Era la Gladi.*« Da seit dem schrecklichen Ereignis bereits zwei Tage verstrichen waren, fragte ich nicht, ob ich ihre Überreste haben dürfte, um sie unter den Sonnenblumen zu bestatten, die sie so sehr geliebt hatte. Von den anderen Hühnern war keines in Sicht, aber ich zweifelte ohnehin daran, dass eines genug Charme und Eleganz hätte, um mein Mädchen zu ersetzen.

Gestern habe ich meinen Rasenmäher herausgeholt, Benzin nachgefüllt und den Motor angelassen. Ertränke deine Trauer in Arbeit, sagte ich mir. Nach wenigen Minuten spazierte ein kleines beigefarbenes Huhn unbekümmert neben dem Rasenmäher her und pickte fröhlich nach Grillen und Käfern. Wie der heilige Thomas konnte auch ich nicht sicher sein, ohne einen Beweis zu haben, und so ging ich in die Küche und holte ein Stück Brot. Und siehe, sie hüpfte vom oberen Garten herab und kam stracks auf mich zu, um mir aus der Hand zu picken. Gladys lebt, Gladys lebt. Es ist nach wie vor nicht schick, ein Huhn als Schoßtier zu haben, vor allem nicht, wenn es einem nicht einmal gehört, doch ihre Rückkehr ins Leben hat mich unglaublich aufgemuntert. Erst später hatte ich den Mut zu fragen, was aus dem anderen geworden sei – wir sind hier auf dem Land, rundherum leben Leute, die seit Jahrhunderten kaum etwas zu beißen haben –: *Brodo.*

PHILIPPA GREGORY

Irdische Freuden

JUNI 1607

Am nächsten Tag, noch ehe Elizabeth nach dem Schüren des Feuers im Kamin und dem Aufsetzen des Haferbreis etwas anderes getan hatte, klopfte es heftig gegen die Tür; es war ein Bote des Grafen.

»Seine Gnaden möchte, daß Ihr nach London kommt«, sagte der Mann kurz.

Elizabeth schaute ihren Ehemann an in der Annahme, daß er eher ablehnen würde, doch John hatte sich schon auf den Sessel am Kamin gesetzt und stieg in seine Reitstiefel.

Der Bote lüftete den Hut vor ihr, blickte jedoch über sie hinweg zu John Tradescant. »Zum Hafen«, sagte er. »Ihr sollt Seine Lordschaft in Gravesend treffen.«

Er machte eine rasche Verbeugung und war verschwunden. Cecils Dienerschaft war nicht darauf aus, sich irgendwo aufzuhalten und zu plaudern. Lord Cecil hatte schließlich seine Ohren überall, und ein indiskreter Diener würde nicht lange in seinem Dienst stehen.

Elizabeth holte Johns Reisemantel aus dem Schrank, wo sie ihn zwischen Lavendel gelegt hatte. Sie hatte gemeint, es lohne sich, ihn dort für die nächsten Monate einzumotten.

»Wann wirst du zurück sein?« fragte sie leise.

»Das kann ich nicht sagen«, erwiderte John kurz.

Elizabeth verzog den Mund, da sein Ton sehr kühl war. »Soll ich zu dir nach Hatfield kommen?« fragte sie. »Oder nach Theobalds?«

Er blickte zu ihr und sah, wie sie ihm den Mantel hinhielt. »Danke«, sagte er höflich. »Ich werde dir Bescheid geben. Ich weiß nicht, worum es geht und wofür er mich braucht. Es sind gefährliche Zeiten für Seine Lordschaft. Ich muß unverzüglich losreiten.«

Elizabeth spürte, wie ihre kleine dörfliche Vorstellung von der großen Welt unter dem Gewicht der großen Ereignisse, die nun in ihr Leben traten, ins Wanken geriet. »Ich hätte nicht gedacht, daß wir in gefährlichen Zeiten leben. Wieso sind sie gefährlich?«

Rasch warf er einen Blick auf sie, als würde ihn ihre Unwissenheit überraschen. »Für Männer mit großer Macht ist jede Zeit gefährlich«, erklärte er. »Mein Lord ist der höchste Mann im Land. Jeden Tag sieht er sich einer neuen Gefahr gegenüber. Wenn er nach mir schickt, dann eile ich ohne Widerrede zu ihm, und ich lasse alles stehen und liegen, denn sein Wille geht vor.«

Elizabeth nickte. Es war keine Frage, daß es die Pflicht eines Mannes war, seinem Herrn zu gehorchen.

»So warte ich denn, bis ich von dir Nachricht erhalte«, sagte sie.

John küßte sie auf die Stirn in jener leidenschaftslosen, unentschiedenen Art, in der offenbar schon ihre Verlobung besiegelt worden war und die immer noch zwischen ihnen herrschte. Elizabeth unterdrückte ihren Wunsch, zu ihm aufzuschauen und seine Lippen zu küssen. Wollte er sie nicht küssen und nicht neben ihr liegen, so durfte sich ein gutes Weib nicht darüber beschweren. Sie würde warten müssen. Sie würde ihre Pflicht ihm gegenüber tun, so wie er sie bei seinem Herrn erfüllte.

»Ich danke dir«, sagte John, als hätte sie ihn zu einer Höflichkeit veranlaßt. Dann ging er hinaus, um sein Pferd zu satteln, saß auf und ritt von der Hinterseite des Hauses auf die Dorfstraße vor. Elizabeth stand in der Tür, mit erhobenem Kopf. Keine Klatschbase des Dorfes wußte, daß er sie so jungfräulich wie vor ihrem Hochzeitstag wieder verließ.

John zog vor ihr den Hut, ahnte er doch, daß wohl ein Dutzend Leute hinter ihren Fenstern zusahen. Weder beugte er sich hinunter, um sie zu küssen, noch hatte er ein Wort des Trostes für sie übrig. Er blickte in das blasse Gesicht seiner Frau, die er ohne vollzogenen Beischlaf zurückließ. Er wußte, daß er sich falsch verhielt und daß er seinen Dienst und seine Pflicht als Entschuldigung vorschob. »Lebe wohl«, sagte er kurz, wandte sein Pferd um und ritt in raschem Trab davon. Das Wissen um sein unfreundliches Benehmen gegenüber einer Frau, die, Hochzeitsnacht hin oder her, nur das gesagt hatte, was ihr gutes Recht war, und die vor der verdammten Unterbrechung von draußen sich so warm und angenehm angefühlt hatte – dieser Gedanke verdroß ihn auf dem ganzen Weg nordwärts nach Gravesend.

Am Hafen traf er Seine Lordschaft bei den Docks der Ostindischen Handelsgesellschaft. In der Luft hing der Geruch von Zimt und anderen Gewürzen, und man hörte die Rufe der fluchenden Schauerleute.

Ein Kaufmann lud sie am Landungssteg seines Schiffes zu sich an Bord. »Folgt mir«, sagte er und führte sie zwischen den Segelmachern und Händlern mit Tauwerk zur Kapitänskajüte. »Ein Glas Wein?« fragte er.

Der Graf und sein Gärtner nickten.

»Ich habe ein paar eigenartige Wurzeln«, sagte er, als sie ein Glas getrunken hatten. »Ich habe sie nach ihrem Gewicht in Gold bezahlt, da ich wußte, daß ein Mann wie Ihr, Euer Gnaden, viel mehr dafür geben würdet.«

»Und was sind das für Wurzeln?« fragte der Graf.

Der Kaufmann öffnete eine Holzkiste. »Ich habe sie trocken und vorsichtig gelagert, vor Licht geschützt, so wie mir Mr. Tradescant es aufgetragen hatte.«

Er hielt ihnen eine Handvoll verholzter krummer Wurzeln hin; sie waren braun, staubige Erde hing noch an ihnen. Der Graf nahm sie behutsam entgegen und reichte sie seinem Gärtner weiter.

»Das sind die Wurzeln von Blumen von unvorstellbarer Schönheit«, sagte der Kaufmann rasch, seine Augen ruhten auf Cecils unbeteiligtem Gesicht. »Wurzeln sehen natürlich nie schön aus, Euer Gnaden. Doch unter den Händen Eures Gärtners könnten sie eine große Pracht entfalten …«

»Und wie sieht die Blüte aus?« erkundigte sich Tradescant.

»Wie die einer Duftgeranie«, sagte der Kaufmann. »Und die Blätter duften süß wie deren Blätter. Doch viel zarter, eine höchst ungewöhnliche Blüte.«

Cecil hob eine Augenbraue und blickte zu John. Tradescant zuckte nur leicht mit den Schultern. Sie sahen wie die Wurzeln einer Duftgeranie aus, doch ohne Blatt und Blüte konnte niemand etwas Genaues sagen. Man müßte sie aus purem Vertrauen zu dem Händler kaufen. »Noch etwas anderes?« fragte Cecil.

»Diese hier.« Der Kaufmann zog ein kleines Jutesäckchen aus den Tiefen der Kiste hervor und öffnete es. Darin befanden sich dicke grüne Kugeln, so groß wie die Eier eines Zwerghuhns, überzogen von harten kleinen Stacheln.

»Eine exotische Kastanie«, sagte der Kaufmann verheißungsvoll. Sorgfältig brach er eine von den Schalen auf und ließ in Tradescants gewölbte Hand so etwas wie eine kräftige, blanke Nuß fallen. Sie war wie ein rotbraunes Pferd gesprenkelt mit hellen und dunklen Brauntönen; oben befand sich ein weißlicher Kreis. John streichelte die feuchte Innenwand der Schale, drehte die Nuß im Licht mehrmals hin und her, um zu sehen, wie sie glänzte. Sie war größer als eine Walnuß, glänzender als Mahagoni.

»Wo habt Ihr die her?« John Tradescant konnte das Beben der Erregung in seiner Stimme nicht unterdrücken.

»Aus der Türkei«, erklärte der Kaufmann. »Und ich habe den Baum gesehen, der diese Früchte trägt.«

»Kann man sie essen?« fragte Cecil.

Der Mann zögerte gerade so lange, daß man annehmen mußte, nun würde eine Lüge folgen. »Aber sicher«, sagte er. »Es sind doch schließlich Kastanien. Und man kann eine wirksame Medizin daraus herstellen. Der Mann, der sie mir verkauft hat, sagte, daß man damit dämpfige Pferde kurieren kann. Sie heilen die Lungen der Pferde, vielleicht auch die von Menschen.«

»Gleichen die Blätter unserer hiesigen Kastanie?« wollte der Gärtner wissen.

»Sie sind größer«, erwiderte der Kaufmann. »Und sie gehen eher in die Breite. Und es sind riesige runde Bäume, besser geformt als unsere, so wie ein großer Ball auf einem Stock. Und wenn sie blühen, dann sind sie über und über mit riesigen weißen Blütenkegeln bedeckt, so groß wie Eure beiden Hände zusammen. Weiße Blüten, und die Zungen der Blüten sind rosafarben getüpfelt.« Er dachte einen Moment nach. Der Preis dafür würde von seiner Beschreibung abhängen. »Wie eine Apfelblüte«, sagte er auf einmal. »Weiß und rosa zusammen, wie eine Apfelblüte, doch geformt wie ein großer Kegel.«

Tradescant hatte zu tun, sich seine Erregung beim Sprechen nicht anmerken zu lassen. »Hohe Bäume? Wie hoch?«

Der Mann hob die Hand. »So hoch wie eine ausgewachsene Eiche. Nicht so hoch wie eine Tanne, aber breit und hoch wie eine große Eiche.«

»Und das Holz?« unterbrach ihn Cecil, der an die unersättliche Nachfrage seines Landes nach Holz für den Schiffsbau dachte.

»Gutes Holz«, sagte der Händler rasch. Zu rasch, als daß es der Wahrheit entsprechen könnte. »Auch wenn ich es mit eigenen Augen nie gesehen habe, so sagte man mir, das Holz sei sehr gut.«

»Und wie viele habt Ihr davon?« fragte John Tradescant, dessen Augen begehrlich auf die Kiste gerichtet waren.

»Nur ein halbes Dutzend«, sagte der Mann. »Nur sechs. Und das sind die einzigen sechs im ganzen Königreich, die einzigen sechs außerhalb der Türkei. Die einzigen sechs in der Christenheit. Die könnt Ihr haben, Euer Gnaden; die könnt Ihr einpflanzen, Mr. Tradescant.«

»Noch etwas?« fragte Cecil lässig.

»Diese Samen hier«, sagte der Kaufmann und zeigte ihnen einen kleinen Beutel voller harter schwarzer Samen. »Von ganz seltenen Blumen.«

»Was für Blumen?« fragte der Gärtner. Die Kastanie war warm und glatt und fühlte sich angenehm an in der Hand. Er meinte, er könne beinahe spüren, wie sich darin das Leben entfaltete, wie in einem frisch gelegten Ei.

»Blumen von seltener Schönheit, wie Lilien«, bemerkte der Kaufmann.

Tradescant hatte da seine Zweifel. Eine Lilie wuchs nicht aus einem solchen kleinen Samen, sondern aus einem Kormus. Plötzlich mißtraute er dem Mann. Aber zumindest die Schönheit der Kastanie und die Aussicht auf sie waren kein Irrtum.

»Wieviel?« fragte Cecil. »Für die Wurzeln, die Samen und die Kastanien?«

Rasch blickte der Kaufmann vom Gärtner zu dessen Herrn und deutete das wortlose Verlangen in Tradescants Gesicht richtig. »Fünfzig Pfund.«

Cecil mußte schlucken. »Für eine Handvoll Holz?«

Der Kaufmann lächelte und nickte zu Tradescant hinüber. Cecil folgte seinem Blick und mußte lachen. Unablässig drehte der Gärtner die Kastanie in seiner Hand und nahm die beiden anderen nicht mehr wahr. Er machte einen ganz berauschten Eindruck.

»Für einen Gärtner sind das hier unbezahlbare Schätze«, sagte der Kaufmann. »Ein neuer Baum. Ein völlig neuer Baum, der wie eine Rose blüht und so breit wie eine Eiche wird.«

»Acht Pfund jetzt und acht Pfund, wenn daraus wirklich Bäume werden«, erklärte der Graf kurz und bündig. »Nächstes Frühjahr könnt Ihr zu mir kommen, und wenn Schößlinge aus den Kastanien gewachsen sind, dann zahle ich den Rest. Wenn aus ihnen in fünf Jahren schöne Bäume so breit wie Eichen mit Blüten wie Apfelblüten geworden sind, so erhaltet Ihr weitere acht Pfund.«

»Vielleicht neun«, sagte der Kaufmann nachdenklich.

»Mehr als neun auf keinen Fall«, sagte der Graf und erhob sich. »Neun jetzt und neun, wenn die Schößlinge Wurzeln schlagen, und in fünf Jahren weitere neun, wenn sie gut gedeihen.«

»Ich werde alles umgehend nach Theobalds bringen«, sagte John Tradescant, der aus seinen Träumen erwacht war. Immer noch hielt er die Kastanie fest. Der Kaufmann legte die Wurzeln und die Samen in die Kiste zurück und überreichte sie ihm.

»Ich dachte, du bist frisch vermählt?« bemerkte Cecil.

»Ein Weib kann warten«, sagte John entschlossen. »Ich will dafür sorgen, daß diese hier behutsam eingepflanzt und gut gepflegt werden. Und die Kastanien sollten umgehend in warme feuchte Erde gelangen, sonst …« Er hielt inne und blickte den Kaufmann an. »Ist es dort im Winter kalt?«

Der Mann zuckte die Schultern. »Ich bin nur im Frühjahr dort gewesen.«

Cecil lachte kurz und stieg die Landeplanken hinunter auf den Kai.

John folgte ihm, doch dann wandte er sich noch einmal zurück und rief zum Schiff hinauf: »Verändern die Blätter im Herbst ihre Farbe? Oder bleiben sie das ganze Jahr über frisch und grün?«

»Woher soll ich das wissen?« rief der Kaufmann zurück. »Im Herbst war ich noch nie dort. Warum ist das so wichtig für Euch? Ihr werdet es bald selbst herausfinden, wenn die Bäume wachsen.«

»Damit ich weiß, wann ich sie einpflanzen muß, natürlich!« rief Tradescant verärgert. »Wenn sie das ganze Jahr über wachsen, dann kann ich sie jederzeit in die Erde bringen, am besten im Sommer. Doch wenn sie ihre Blätter und Früchte im Winter verlieren, dann sollten sie in kalten Boden gepflanzt werden!«

Der Kaufmann zuckte wieder die Schultern und lachte. »Ich werde nachfragen, wenn ich dorthin zurückkehre. Und falls aus diesen Kastanien nichts wird, dann besorge ich Euch neue. Aber zum doppelten Preis!«

Cecil war schon weitergehumpelt. Tradescant rannte hinterher, um ihn einzuholen.

»Du mußt wirklich lernen, ein bißchen gerissener zu sein, John«, beklagte er sich. »Wenn du für mich reisen und Pflanzen kaufen sollst, mußt du lernen, zu feilschen und deine Begierde zu verbergen. In deinem Gesicht kann man ja lesen wie in einem Kochbuch.«

»Es tut mir leid, mein Lord. Doch ich konnte einfach nicht gleichgültig dastehen.«

»Man wird dich von Flushing bis Dresden betrügen.«

»Ich werde mißmutig und lustlos reagieren«, versprach John. »Das werde ich mir einbleuen. Ich werde so verdrossen sein wie ein Schotte bei einem kleinen Bestechungsgeld.«

Cecil lachte kurz auf. »Kommst du in meinem Boot mit über den Fluß? Ich muß nach Whitehall.«

John blickte die Anlegestelle hinunter bis zu dem Punkt, wo das Boot des Grafen langsam hin und her schaukelte. Die Ruder standen aufrecht zur Begrüßung, die hellen Livreen der Mannschaft spiegelten sich im klaren Themsewasser wider.

»Ich werde ein Pferd nach Theobalds nehmen«, sagte er. »Und sofort alles in die Erde stecken, was wir gekauft haben.«

»Und dann zu deiner Frau zurückkehren«, rief Cecil zum Ufer zurück, als er die Stufen hinunter und in das auf ihn wartende Boot stieg. »Nimm dir ein paar Tage Zeit und verbringe sie mit ihr. Du mußt auch dein eigenes Feld bestellen, verstehst du.«

Wieder wartete Elizabeth in Meopham auf John.

»Nur einen Tag verheiratet und schon verlassen«, sagte ihre Mutter schroff. »Ich hoffe, daß es nicht an dir liegt, daß er etwa eine Abneigung gegen dich gefaßt hat, Elizabeth?«

Elizabeth steckte eine lose Haarsträhne unter ihre Haube. »Natürlich nicht«, erwiderte sie ruhig. »Der Graf persönlich hat ihn gerufen, da konnte er wohl kaum den Boten mit der Nachricht zurückschicken, daß er nicht kommen wolle!«

»Und ist die Hochzeitsnacht richtig vollzogen worden?« fragte Gertrude etwas mißtrauisch. »Du wirst ihn nicht als Gatten halten können, wenn er behaupten kann, daß das Werk nicht vollendet wurde.«

»Natürlich. Von Trennung kann keine Rede sein. Sein

Lord hat ihn fortgerufen. Er hat eine Nachricht aus London geschickt. Eigentlich erwarte ich ihn jeden Tag zurück.«

»Die Laken waren kaum befleckt«, betonte Gertrude.

Elizabeth errötete. Sie hatte auf Erdbeermarmelade zurückgreifen müssen und sie auf dem Leinen verteilt. Es war Sitte, daß die Frischvermählten ihre Laken über den Fenstersims hängten, damit die Nachbarn und die ganze Gemeinde sehen konnten, daß die Ehe auch vollzogen worden und das Paar nun unauflösbar miteinander verbunden war. Nicht einmal Leute von Elizabeths und Johns Stand entgingen dem prüfendem Blick der Öffentlichkeit.

»Es war genug zu sehen«, sagte Elizabeth.

»Oh, schau her!« Gertrude lehnte sich auf dem harten Sessel zurück und blickte sich in dem kleinen Wohnzimmer um. »Zumindest hat er dich mit allen Bequemlichkeiten ausgestattet. So lange, wie er für dich sorgt, möchte ich meinen, daß du ihn nicht vermissen wirst, wo du doch eine Ewigkeit ledig gewesen bist.«

»Er sorgt schon für mich, und er wird zu mir zurückkehren«, erwiderte Elizabeth ruhig.

»Du hättest lieber einen Bauern heiraten sollen!« Gertrude stieß ein boshaftes Lachen aus. »Lieber ein bißchen Schmutz auf dem Fußboden deines Hauses als einen Gatten, der am Morgen nach der Hochzeit auf und davon geht.«

»Besser mit einem Mann verheiratet zu sein, der hoch in der Gunst des Grafen Cecil steht, als eine Frau, die nichts anderes als ihre eigenen vier Wände kennt!« fuhr Elizabeth auf.

»Du meinst wohl mich, du garstiges Ding!« rief Gertrude und sprang auf. »Ich werde mich nicht von dir beleidigen lassen. Dein Stiefvater wird davon erfahren! Er wird dafür sorgen, daß dir deine Unbotmäßigkeit noch leid tut! Er wird dir schon die Leviten lesen und dir beibringen, was wir von Frauenzimmern halten, die eine Nacht verheiratet sind und bereits am nächsten Tag verlassen werden! Du kannst von Glück reden, wenn dein Mann überhaupt noch einmal zurückkommt! Ich sehe dich schon an unserer Hintertür stehen und um dein altes Bett betteln!«

Elizabeth schritt zur Tür und riß sie weit auf. »Ich bin kein solches Frauenzimmer und schon gar nicht garstig oder sonst etwas«, erklärte sie. »Mein Stiefvater hat mir nichts mehr zu sagen und du ebensowenig. Das muß ich mir nicht gefallen lassen! Mein Vater hätte mich nicht so behandelt!«

»Das kannst du leicht sagen!« erwiderte Gertrude. »Da er dir nicht widersprechen kann!«

»Das würde er nicht tun«, fiel Elizabeth ihr ins Wort. »Er war wie ich. Treu von Grund auf: Wir lieben und bleiben treu. Wir ziehen nicht von einem zum anderen wie eine trunkene Biene.«

Als sie so auf die vier Ehen ihrer Mutter zu sprechen kam, war das zuviel für Gertrude. Sie stürmte zur Tür. »Nun, ich danke Ihnen, Mrs. Tradescant!« geiferte sie. »Ich eile nach Hause zu meinem lieben Mann, der vor meinem Kamin sitzt, und werde vergnügt seine Gesellschaft genießen! Zum Abend werden wir etwas trinken und lustig sein. Und ich werde in einem warmen Bett schlafen mit einem Mann, der mich liebt! Ich wage zu behaupten, daß dir nichts lieber wäre, als das gleiche von dir sagen zu können!«

Elizabeth wartete, bis Gertrude fort war, dann warf sie krachend die Tür zu, so daß der Ausbruch ihres Trotzes die ganze Straße hinunter zu vernehmen war. Doch als sie sicher war, daß sie allein war, da sank sie auf die Knie, legte ihr Gesicht auf den leeren Sessel des Hausherrn und weinte um John.

AUGUST 1607

Erst gegen Ende des Sommers kam er, und er hatte Elizabeth zwischendurch auch nicht nach Theobalds Palace gerufen. Er hatte ihr nicht einmal eine kurze Nachricht gesandt, um ihr mitzuteilen, daß es länger dauern würde – war er doch vollkommen von der Idee besessen, einen der schönsten Gärten Englands anzulegen. An erster Stelle stand der Entwurf für den neuen Ziergarten, dem er sich ganz und gar widmete. Außerdem waren die sich schlängelnden Hecken von Theobalds Palace viel schwieriger kurz zu halten als die alten geraden. Und innerhalb der Buchsbaumhecken war der Lavendel zu stark gesprossen. Nun mußte er so zurückgeschnitten werden, daß keine Zweige hervorschossen, wo sie nicht hingehörten. Zumindest hatte Cecil zugegeben, daß der sonst geometrisch präzise Garten durch den Lavendel an Schönheit gewonnen hatte; Tradescant durfte nun auch andere Kräuter innerhalb der Hecken anpflanzen.

Dann waren die Badebecken im Marmortempel während des heißen Wetters ganz grün veralgt, und er mußte das Wasser ablaufen lassen; er ließ die Becken mit Salz ausschrubben, sie ausspülen und wieder auffüllen. Im Küchengarten waren die Erdbeeren reif geworden, dann die Himbeeren, die Stachelbeerren, die Johannisbeeren und schließlich die Pfirsiche und die Aprikosen. Erst als die ersten Äpfel langsam reiften, konnte John sich von seiner Arbeit trennen. Er lieh ein Pferd aus, um nach Kent zu reiten.

Er nahm zwei der exotischen Kastanien in seiner Tasche mit; sie glänzten immer noch, da er sie immer wieder polierte. Zwei der sechs Kastanien des Kaufmanns hatte er in große Töpfe gesteckt und sie an einen schattigen Ort im Garten gestellt. Diesen gab er jeden Tag vorsichtig Wasser in den Untersatz, damit die Wurzeln angeregt wurden, nach unten zu wachsen. Die anderen zwei hatte er in einem Netz verstaut, das er in seinem Schuppen außer Reichweite der Ratten hoch aufgehängt hatte. Nachdem sie die Sommerhitze auf ihrer Schale gespürt hatten, wollte er sie im Herbst pflanzen, wenn das Unkraut zurückging, noch ehe der erste Frost kam. Er hoffte, daß er damit die natürliche Wachstumsphase der Bäume traf. Die letzten zwei hatte er im sicheren Dunkel seiner Tasche verwahrt und wollte sie im Frühling in die Erde stecken, falls ihnen möglicherweise doch der Frost schadete. Vielleicht bekam ihnen die Wärme des nächsten Frühjahrs und die feuchte Frühlingserde eher. Eigentlich hätte er sie besser in einer Steindose im dunklen und kühlen marmornen Badehaus aufbewahren sollen, doch er war ganz versessen darauf, ihre glatte, runde Form zu spüren, wenn er sie in seiner Weste mit sich herumtrug. Wohl ein dutzendmal am Tag fuhren seine Finger in die kleine Tasche, um sie zu streicheln.

Ehe er sein Pferd bestieg, knöpfte er die Taschenklappen vorsichtig zu.

»Ich werde ein paar Wochen bei meiner Frau verbringen«, sagte er zum Gärtnerburschen, der ihm das Pferd hielt. »Falls ich benötigt werde, so schickt nach mir. Andernfalls komme ich gegen Ende September heim.« Ihm war nicht bewußt, daß er Theobalds Palace sein »Heim« genannt hatte. »Und sorge dafür, daß die Tore immer geschlossen sind«, ermahnte er den Jungen, »und jäte jeden Tag das Unkraut. Aber nicht die Rosen anrühren. Ich werde rechtzeitig zurück sein, um mich darum zu kümmern. Du könntest die verblühten Rosen abschneiden und die Blütenblätter in die Vorratskammer bringen, aber das ist auch schon alles.«

Zwei Tage benötigte John bis Meopham. Es gefiel ihm sehr, durch die Landschaft von Surrey zu reiten, wo nach einem Regenguß die Wiesen grün schimmerten und die Weizenschober auf den Feldern hoch aufragten. Viele Menschen kreuzten seinen Weg: wandernde Handwerksleute auf Arbeitssuche, Erntehelfer, die in Gruppen dahinzogen, Apfelpflücker, die wie John nach Kent unterwegs waren, Zigeuner, ein Wanderjahrmarkt, ein Wanderprediger, der an jeder Wegkreuzung sein Evangelium verkündete, das weder Kirche noch Bischöfe benötigte, Hausierer, die unter der Last ihrer Bündel ächzten, Gänsemägde, die ihr Geflügel zu den Londoner Märkten brachten, Bettler, Arme und Landstreicher, die von einer Pfarrgemeinde zur nächsten verwiesen worden waren. Und auch Viehtreiber, die ihre Ochsen nach Smithfield führten.

Abends im Gasthof nahm John Tradescant das gewöhnliche Tagesgericht zu sich, das es immer zu einem festen Preis gab und das besonders von den bescheidenen Reisenden bevorzugt wurde. An der langen Tafel im vorderen Raum des Gasthofes sprach man über den neuen König, der sich mit dem Parlament überworfen hatte, obwohl er erst seit vier Jahren im Lande war. Die Männer bei Tisch waren hauptsächlich für den König. Was machte es schon, wenn sich das Parlament über die schottischen Adligen beschwerte, die am Hof ihr Unwesen trieben, und was machte es schon, wenn der König extravagant war? Der König von England konnte sich eben einen gewissen Luxus leisten!

John schaute auf seinen Hammelbraten hinunter und verhielt sich still. Als jemand einen Toast auf Seine Majestät ausbrachte, erhob er sich so schnell wie die anderen. Er wollte sich nicht am Klatsch über die geschminkten Damen und schönen Günstlinge bei Hofe beteiligen. Außerdem würde niemand, der in Robert Cecils Diensten stand, jemals in aller Öffentlichkeit eine politisch gefährliche Meinung äußern.

»Mir macht es nichts aus, wenn wir kein Parlament haben!« rief ein Mann. »Was haben die jemals für mich getan? Wenn König James, Gott schütze ihn, ohne Parlament auskommt, nun, dann kann ich es auch!«

John dachte an seinen Herrn, der meinte, daß ein Monarch nur mit einer Mischung aus Täuschung und Verführung regieren und die Zustimmung des Volkes erhalten könne und daß er handeln, nicht Prinzipien reiten müsse. Er schwieg, berührte die Kastanien in der Tasche, die für ihn so etwas wie ein Glücksbringer geworden waren, nahm seinen Hut und verließ den Raum, um sein Bett aufzusuchen.

Gegen Mittag erreichte er Meopham. Beinahe wäre er in den Hof der Familie Day eingeritten, da fiel ihm zum Glück noch ein, daß er Elizabeth in ihrem neuen Cottage – dem gemeinsamen neuen Anwesen – antreffen würde. Er ritt die schlammige Dorfstraße zurück und führte das Pferd zur Rückseite des kleinen Hauses, wo sich ein angebauter Schuppen und ein kleines Stück Land befanden. Er nahm dem Pferd den Sattel und das Zaumzeug ab und brachte es aufs Feld. Es hob den Kopf und wieherte, da ihm der Ort fremd war. Da bemerkte John Elizabeths Gesicht an einem Fenster im oberen Stock.

Als er auf die kleine Tür an der Rückseite des Hauses zuging, hörte er, wie sie die Holztreppe herunterkam. Dann flog die Tür auf, und sie rannte auf ihn zu. Doch plötzlich dachte sie wohl an ihre Würde, sie blieb stehen. »Oh! Mr. Tradescant!« sagte sie. »Hätte ich gewußt, daß du heute eintriffst, hätte ich ein Huhn geschlachtet.«

John ging auf sie zu, nahm ihre Hände und küßte sie so förmlich, wie er sie einst auf die Stirn geküßt hatte. »Ich wußte nicht, wann genau ich eintreffen würde«, sagte er. »Die Straßen waren in besserem Zustand, als ich gedacht hatte.«

»Kommst du von Theobalds Palace?«

»Vorgestern bin ich von dort losgeritten.«

»Und ist alles in Ordnung?«

»Ja.« Er sah, daß ihr sonst so blasses Gesicht ganz rosig war und strahlte. »Du siehst sehr wohl aus … Weib.«

Sie schaute ihn kurz an. »Mir geht es gut«, sagte sie. »Und ich bin sehr froh, daß du da bist. Die Tage so allein werden hier recht lang.«

»Warum?« fragte John. »Ich dachte, du hättest genug zu tun in deinem eigenen Heim?«

»Ich bin die Arbeit in einem Bauernhaus gewöhnt«, sagte sie. »Wo ich mich um die Vorratskammer und die Wäsche und das Ausbessern der Kleider und um das Essen für die Familie und das Gesinde kümmern muß, auch um die Gesundheit der Bediensteten, um den Kräuter- und den Küchengarten! Hier habe ich nur zwei Schlafkammern, die Küche und das Wohnzimmer in Ordnung zu halten. Das ist nicht viel.«

»Oh.« John war überrascht. »Daran habe ich nicht gedacht.«

»Ich habe begonnen, einen Garten anzulegen«, sagte sie schüchtern. »Ich dachte, vielleicht gefällt er dir.«

Sie wies auf eine quadratische Fläche, die mit Holzpflöcken und Schnur abgesteckt war, innerhalb des Quadrats befanden sich serpentinenartige Windungen für ein Labyrinth. »Ich wollte alles mit Kreide- und Feuersteinen in einem schwarzweißen Muster anlegen«, erklärte sie. »Wegen der Hühner werden hier wohl kaum zarte Pflanzen wachsen.«

»In einem Ziergarten kann man keine Hühner halten«, sagte John mit fester Stimme.

Sie lachte vergnügt. John blickte zu ihr hinunter und war wieder von ihrem rosigen fröhlichen Gesicht überrascht. »Nun, wir brauchen die Hühner wegen der Eier und für dein Abendessen«, sagte sie. »Du mußt dir etwas überlegen, damit die Hühner nicht in den Garten kommen.«

John lachte. »Im Park von Theobalds werde ich von Rotwild geplagt!« sagte er. »Da trifft es mich schwer, daß ich in meinem eigenen Garten auch Tiere habe, die Schaden anrichten.«

»Vielleicht findet sich ein anderes Stück Land für die Hühner«, schlug sie vor. »Das könnte man einzäunen, damit du hier alles nach deinen Wünschen gestalten kannst.«

John schaute auf die stark beanspruchte hellbraune Erde hinunter und auf den Misthaufen daneben. »Das ist hier kaum der rechte Ort«, sagte er.

Plötzlich bemerkte er, wie jede Farbe und Fröhlichkeit aus ihrem Gesicht wich. Sie sah müde aus. »Im Vergleich zu Theobalds Palace, vermute ich.«

»Elizabeth!« rief er aus. »Ich meinte nicht …«

Sie wandte sich von ihm ab und ging ihm ein Stück voran. Er lief hinterher und wollte ihre Hand nehmen, doch eine unerklärliche Schüchternheit hielt ihn davon ab. »Elizabeth!« sagte er etwas freundlicher.

Sie zögerte, aber sie drehte sich nicht um. »Ich hatte Angst, du kommst nicht wieder«, flüsterte sie. »Ich hatte Angst, du hast mich geheiratet, um die Vereinbarung einzuhalten, um meine Mitgift einzustreichen; ich hatte Angst, du würdest nie mehr zu mir zurückkehren.«

»Natürlich! Natürlich komme ich zurück!« Er war erstaunt über sie. »Ich habe dich in bester Absicht geheiratet! Natürlich komme ich zurück!«

Ihr Kopf sank nach unten, und dann zog sie die Schürze hoch, um sich die Tränen abzuwischen. Sie drehte sich noch immer nicht zu ihm um. »Du hast nicht geschrieben«, sagte sie leise. »Zwei Monate lang.«

Leicht verlegen blickte er weg von dem Haus, über den kleinen Flecken Erde, wo sein Pferd graste, und hinüber zu dem Hügel, auf dem die Kirche mit dem stämmigen Turm hoch in den Himmel aufragte. »Ich weiß«, sagte er kurz. »Ich wollte …«

Sie hob den Kopf. Wir müssen wie zwei Narren aussehen, dachte er, sie mit dem Rücken zu mir, anstatt uns in den Armen zu liegen.

»Warum hast du es dann nicht getan?« fragte sie leise.

Er räusperte sich, um seine Verlegenheit zu verbergen. »Ich kann nicht sehr schön schreiben«, sagte er unbeholfen. »Ich will sagen, ich kann überhaupt nicht schreiben. Ich kann leidlich lesen, ich kann sehr rasch rechnen, aber ich kann nicht schreiben. Und überhaupt … ich hätte nicht gewußt, was ich schreiben sollte.«

Nun drehte sie sich endlich zu ihm um, doch in seiner Verlegenheit sah er das nicht. Er bohrte den Absatz seines Reitstiefels immer tiefer in die Erde.

»Was hättest du mir denn mitgeteilt, wenn du geschrieben hättest?« fragte sie, und ihre Stimme war sanft und ermunternd. Es war eine Stimme, der sich jeder Mann zugewandt und der jeder Mann vertraut hätte. Doch John widerstand der Versuchung, sie auf der Stelle zu packen und sein Gesicht an ihrem Hals zu vergraben.

»Ich hätte dir gesagt, daß es mir leid tut …«, gestand er schroff und unbeholfen. »… daß ich in unserer Hochzeitsnacht so schlecht gelaunt war und dich an jenem Morgen verlassen mußte. Als ich über den Lärm der Dorfleute so in Wut geraten war, da dachte ich, daß wir ja am nächsten Tag unsere Ruhe hätten und aller Ärger bis dahin verraucht wäre. Ich wollte dich früh wecken und dich lieben. Doch genau da traf der Bote ein, und ich brach sofort nach London auf, und es gab keine Möglichkeit mehr, dir mitzuteilen, daß es mir leid tat.«

Zögernd machte sie einen Schritt auf ihn zu und legte eine Hand auf seine Schulter.

»Mir tut es auch leid«, sagte sie schlicht. »Ich dachte, Männer erledigen solche Sachen leichter, und du tatest genau das, was du wolltest. Ich nahm an, du hättest mich die Nacht nicht geliebt, weil …«, ihre Stimme wurde immer leiser und war dann nur noch ein Flüstern, »… weil du eine Abneigung gegen mich gefaßt hättest und daß du nach Theobalds Palace zurückgeritten bist, um mir aus dem Weg zu gehen.«

John drehte sich rasch um und zog seine Frau zu sich heran. »Aber nein!« Er spürte, wie ihr ganzer Körper vor Schluchzen bebte.

Warm fühlte sie sich an, und ihre Haut war weich. Er küßte ihr Gesicht und ihre feuchten Augenlider und ihren sanften süßen Hals und die Vertiefungen ihres Schlüsselbeins am Ansatz ihres Kleides, und dann spürte er auf einmal, wie ihn ein Verlangen nach ihr überkam, so leicht und natürlich wie ein Frühlingsgewitter. Er hob sie hoch und trug sie ins Haus. Er stieß die Tür hinter sich zu und legte sie auf den Kaminvorleger vor dem kleinen Feuer, vor dem sie so viele Abende wie eine alte Jungfer allein und einsam gesessen hatte, und er liebte sie, bis es draußen dunkel wurde, und nur das Licht des Feuers schien auf ihre eng umschlungenen Körper.

»Ich habe *keine* Abneigung gegen dich«, sagte er.

Als die Zeit zum Abendessen herangerückt war, standen sie von dem kühlen und unbequemen Fußboden auf. »Ich habe Brot und Käse und eine Brühe«, sagte Elizabeth.

»Was immer in der Speisekammer ist, ich bin damit zufrieden«, erwiderte John. »Ich werde mich mal um etwas Holz für das Feuer kümmern.«

»Und ich werde rasch die Straße hinauf zu meiner Mutter laufen und ein wenig Rinderbrühe holen«, sagte sie und zog ihr graues Kleid über den Kopf. Sie drehte ihm den Rücken zu und bat ihn, ihr die weiße Schürze zuzubinden. »Ich bin gleich wieder zurück.«

»Und einen schönen Gruß von mir«, sagte John. »Ich werde sie morgen besuchen.«

»Wir könnten auch zum Abendessen hingehen«, schlug sie vor. »Sie würden sich freuen, dich schon heute abend zu sehen.«

»Heute abend habe ich etwas anderes vor«, sagte John mit verheißungsvollem Lächeln. Elizabeth spürte, wie sie errötete. »Oh, ich gehe dann die Brühe holen.«

John nickte und hörte, wie sie rasch über den mit Backsteinen ausgelegten Weg auf die Straße lief. Er füllte den Kamin ordentlich mit Holzscheiten auf, dann ging er nach seinem Pferd sehen. Als er zurückkehrte, rührte Elizabeth in einem Topf, der an einer Kette am Bratspieß hing. Auf dem Tisch standen Brot und frischer Käse und zwei Becher mit Dünnbier.

»Ich habe mein Buch mitgebracht«, sagte sie vorsichtig. »Vielleicht gefällt es dir, wenn wir es uns beide anschauen, gemeinsam.«

»Was für ein Buch?«

»Mein Unterrichtsbuch«, sagte sie. »Mein Vater hat mir Lesen und Schreiben beigebracht, und hier sind meine Schreibübungen drin. Es hat immer noch leere Seiten. Ich dachte, ich könnte dir das Schreiben beibringen.«

John stutzte und wollte sie schon schroff zurechtweisen. Daß eine Frau ihrem Ehemann etwas beibrachte, widersprach den Gesetzen der Natur und denen Gottes. Doch sie sah so lieblich und so jung aus. Ihr Haar war durcheinander, und ihre Haube saß ein bißchen schief. Sie war vorhin so zärtlich gewesen, so leidenschaftlich. Vielleicht mußte er die Gesetze Gottes und der Natur nicht unbedingt einhalten, vielleicht sollte er sich in dieser Sache seiner Frau fügen? Außerdem wäre es wichtig, schreiben und lesen zu können.

»Kannst du Französisch schreiben?« fragte er. »Und etwa auch lateinische Wörter?«

»Ja«, sagte sie. »Willst du das lernen?«

»Ich kann etwas Französisch und ein wenig Italienisch und genug Deutsch, um dafür zu sorgen, daß man meinen Herrn nicht betrügt, wenn ich von einem Schiffskapitän Pflanzen für ihn kaufe. Und ich kenne ein paar lateinische Pflanzennamen. Doch sie zu schreiben, das habe ich nie gelernt.«

Sie strahlte über das ganze Gesicht. »Ich kann es dir beibringen.«

»Sehr gut«, sagte er. »Aber du darfst es keinen wissen lassen.«

Sie schaute ihn offen und ehrlich an. »Natürlich nicht. Es bleibt unter uns, so wie alles andere auch.«

In dieser Nacht liebten sie sich in der Wärme und Behaglichkeit des großen Bettes. Elizabeth, die sich nun nicht mehr darum sorgte, daß er sie nicht lieben würde, und die bei sich eine Sinnlichkeit entdeckte, von der sie selbst nichts geahnt hatte, klammerte sich an ihn, schlang ihre Arme und Beine um ihn und schluchzte vor Glück. Dann schlugen sie die Decke um ihre Schultern, saßen Seite an Seite auf dem Bett und blickten in den dunkelblauen Nachthimmel und auf das grelle Weiß der Tausende von Sternen hinaus.

Im Dorf war es still, nicht ein Licht brannte mehr. Auf der Straße, die vom Dorf nordwärts nach Gravesend und London führte, war es leer und ruhig, alles wirkte geisterhaft im Sternenlicht. Eine Eule schrie, sie streifte mit leisen Flügeln über die Felder. John griff nach seiner Weste, die zusammengefaltet auf der Truhe am Fuße des Bettes lag.

»Ich habe hier etwas, das ich dir gern geben möchte«, sagte er leise. »Es ist vermutlich das Wertvollste, was ich besitze. Vielleicht hältst du mich für verrückt, aber wenn du willst, dann schenke ich es dir.«

Seine Hand umschloß eine der kostbaren Kastanien. »Wenn du sie nicht magst, werde ich sie behalten, mit Verlaub«, sagte er. »Sie gehört nicht eigentlich mir, sie wurde mir anvertraut.«

Elizabeth legte sich auf ihr Kopfkissen zurück, ihr Haar war so braun und glänzend wie seine Kastanie. »Was ist das?« fragte sie lächelnd. »Du klingst so geheimnisvoll wie ein Kind.«

»Es ist mir sehr teuer ...«

»Dann ist es auch mir teuer, was immer es sein mag«, sagte sie.

Er zog seine Faust aus der Westentasche hervor, und sie streckte ihre flache Hand aus, wartete darauf, daß er seine Finger öffnete.

»Im ganzen Land gibt es davon nur sechs Stück«, sagte er. »Vielleicht sind es die einzigen sechs in ganz Europa. Fünf sind in meiner Obhut, wenn du willst, kannst du die sechste haben.«

Er ließ die schwere Kastanie wie eine runde glatte Murmel in ihre Hand fallen.

»Was ist das?«

»Es ist eine Kastanie.«

»Sie ist zu groß und zu rund!«

»Eine fremde Kastanie. Der Mann, der sie von weit her mitgebracht hat, sagte, daß daraus ein großer Baum wird, wie unser Kastanienbaum, und daß er wie eine Rose blüht, in der Farbe von Apfelblüten. Und es ist immer nur eine dieser großen Früchte in einer Schale, nicht zwei wie bei uns, und die Schale der Früchte ist nicht stachlig wie bei unseren Kastanien, sondern wachsartig und grün mit nur wenigen spitzen Stacheln. Er hat sie meinem Lord für neun Pfund auf die Hand verkauft, und er erhält weitere achtzehn Pfund, wenn sie gedeiht. Und diese hier ist für dich.«

Elizabeth drehte die Kastanie in der Hand. Sie lag schwer darin, die braune glänzende Farbe hob sich von ihrer hellen schwieligen Hand ab.

»Soll ich sie im Garten in den Boden stecken?«

John verzog sofort den Mund, weil er an die Hühner dachte. »Sie gehört in einen Topf, irgendwo, wo du ihn ständig im Auge hast«, sagte er. »In Erde, der etwas Dung beigemischt wurde. Wässere den Topf von der Schale darunter her, jeden Tag ein wenig. Vielleicht hast du Glück, und sie wächst.«

»Wirst du es nicht bedauern, mir diese kostbare Kastanie anvertraut zu haben, falls sie nicht anwächst?«

John schloß ihre Finger um die Kastanie. »Sie gehört dir«, sagte er freundlich. »Mach mit ihr, was du willst. Vielleicht hast du Glück. Vielleicht haben wir beide, da wir nun verheiratet sind, zusammen Glück.«

John blieb einen ganzen Monat in Meopham bei seiner Frau, und als seine Rückkehr nach Theobalds Palace feststand, hatte es ein paar Neuerungen gegeben. Elizabeth besaß nun einen hübschen kleinen Miniaturziergarten an der Hintertür, in dem, nicht ganz der Regel entsprechend, auch Porrée, Runkelrüben, Karotten und Zwiebeln wuchsen. Er war von einem Flechtzaun aus Weidenruten umgeben, der die Hühner fernhielt. John konnte sowohl lesen als auch einigermaßen schreiben, die Kastanie befand sich in einem Topf auf dem Fenstersims und hatte einen blassen Keimling aus der Erde geschoben. Elizabeth erwartete ein Kind.

BEVERLY NICHOLS

Grünes Glück – Geschichte eines Gartens

FEHLSTART

Trotz dieser Auseinandersetzung wurden die Bäume am nächsten Tag gefällt. Allerdings ist »gefällt« kaum der richtige Ausdruck. Sie waren so morsch, dass ein kleiner Ruck genügte, um sie aus der Erde zu lüften, und dann konnte ich zu meiner großen Freude feststellen, dass die Wurzeln durch und durch faul und schimmelig waren und vor Drahtwürmern nur so wimmelten. Um Mrs Heckmondwyke die Gelegenheit zu bieten, sich mit dieser Tatsache vertraut zu machen, ließ ich die Bäume mit den Wurzeln zu ihr an den Straßenrand legen. Dort blieben sie bis zum Abend.

Eine Woche später beschloss ich, dem Beispiel der anderen Bewohner der Straße zu folgen und mir eine kleine Terrasse zuzulegen. Nicht etwa, weil ich doch an einen »Garten« gedacht hätte. Nein, es ging mir einfach nur darum, etwas zu haben, wo man bei schönen Wetter ein bisschen auf und ab schlendern konnte. Doch wie es nun einmal so ist, führte eins zum anderen. Jedenfalls kam es mir, als die Terrasse fertig war, ziemlich albern vor, nicht wenigstens einen Rasen anzulegen, da es nicht viel Spaß macht, neben einem Haufen Matsch und Geröll auf und ab zu schlendern.

Der Rasen kam mich bedeutend teurer zu stehen, als ich gedacht hatte. So grauenhaft das Dreieck auch sein mochte, hatte es natürlich keinen Sinn, guten Rasen auf einem Untergrund zu verlegen, der nicht wenigstens einigermaßen darauf vorbereitet war. Also borgte ich mir eine Forke und machte mich an die Arbeit. Nach einer halben Stunde war klar, dass sich selbst die anspruchsloseste Brennnessel weigern würde, auf diesem Boden zu wachsen. Er brauchte Wochen der Behandlung. Er bekam sie.

Jeder einzelne Zentimeter dieses Bodens wurde einen guten halben Meter tief umgegraben. Jeder einzelne Quadratmeter brachte Berge von Müll zum Vorschein – Backsteine, Blechdosen, Porzellanscherben und dergleichen mehr. Als wir fertig waren, hatten wir eine ganze Lastwagenladung Gerümpel entsorgt, darunter so Unglaubliches wie den oberen Teil einer Napoleon-Statue.

Nachdem der Boden mehrere schöne Fröste abbekommen hatte, gab ich Mr Peregrine Anweisungen für ein simples, aber effektives Entwässerungssystem. Da es dabei um Gärtnerisches ging, ein Gebiet, auf dem mir gewisse Kenntnisse zugestanden wurden, unternahm er zur Abwechslung keinen Versuch, mich davon abzubringen.

Nun, da der Boden einigermaßen krümelig und locker war, grub ich einen Sack Kalk und drei Säcke Knochenmehl unter (ich bin ein überzeugter und unverbesserlicher Anhänger von Knochenmehl). Danach blieb nichts weiter zu tun, als den Rasen zu bestellen und zu verlegen.

Und das Ganze aufs Neue zu vergessen.

*

So war es zumindest gedacht. Aber das war nicht so einfach. Nicht etwa, weil das Verlegen des Rasens in mir den Ehrgeiz geweckt hätte, den nächsten Schritt folgen zu lassen und ein oder zwei Beete anzulegen und vielleicht das eine oder andere zu pflanzen. Im Gegenteil. Der Rasen bewirkte nämlich, dass die Dreieckigkeit des Dreiecks noch mehr betont wurde. Als alles nur eine einzige Matschfläche war, war der Anblick noch einigermaßen erträglich gewesen. Jetzt jedoch machte das leuchtende Grün des Rasens das Dreieck dermaßen scharf und spitz, dass es anfing, mir wirklich auf die Nerven zu gehen.

Ich versuchte, es zu ignorieren, aber es weigerte sich, sich ignorieren zu lassen. Auch wenn ich gar nicht hinsah, wusste ich, dass es mich anstierte. Wenn ich den Kopf von meinem Schreibtisch hob und aus dem Fenster blickte, einfach nur, um meine Augen auszuruhen, fingen sie kurz darauf an zu schielen. Der rechte Zaun zog das eine Auge an, der linke das andere, bis meine Blicke sich überkreuzten und schließlich in dem trostlosen kleinen Scheitelpunkt am Ende zusammenliefen.

Eines trüben Februarnachmittags wurde das Ganze vollends unerträglich. Irgendetwas *musste* unternommen werden, und wenn ich nur eine hohe Mauer um das Ganze herumzog. Lieber auf eine Backsteinmauer starren als auf zwei Holzzäune, die einen zum Schielen brachten. Also ließ ich meinen Stift fallen, zog einen Mantel über und verließ das Haus. Ich ging zur Nummer 4, um Mrs Howard zu bitten, mir ihren Gärtner für ein Weilchen auszuborgen.

»Aber gern«, sagte sie bereitwillig. »Er ist gerade fertig. Joseph!«

Joseph erschien. Ein freundlicher junger Mann. Der noch freundlicher wurde, als er merkte, dass ich zumindest eine leise Ahnung vom Gärtnern hatte. Ein paar Minuten später standen wir mitten im Dreieck und schmiedeten Pläne für den Sommer.

»So wie das Grundstück geschnitten ist, lässt sich nicht viel damit anfangen«, sagte ich in der Hoffnung, Joseph hätte vielleicht doch eine Idee. Aber er kratzte sich nur den Kopf und pflichtete mir bei.

»Pflanzen Sie einfach ein paar Bäumchen, um das Ganze ein bisschen aufzulockern«, sagte ich.

Tatsächlich wurden es mehr. Wir entschieden uns für drei Silberbirken in der Mitte, ein oder zwei Schlehen auf der linken Seite, ein rosa Mandelbäumchen auf der rechten, und zwei Holzapfelbäume gleich am Haus. Da es mir albern vorkam, überhaupt keine Blumen zu haben, sagte ich, er solle rechter Hand ein Beet mit Goldlack bepflanzen.

»Sonst nichts, Sir? Es wäre eine gute Stelle für eine bunte Blumenrabatte.«

Es fiel mir ziemlich schwer, nicht aufzubrausen und zu sagen, meine Blumenbeete hätten einst zu den schönsten des Landes gehört und dass es mir wie ein Hohn vorkam, auf diesem abgrundhässlichen Stück Londoner Erde die Parodie eines Blumenbeets anzulegen. Das alles konnte Joseph schließlich nicht wissen. Also beherrschte ich mich und sagte nur, nein, der Goldlack sei alles. Aber wenn er unbedingt wolle, könne er ein paar Narzissenzwiebeln in den Rasen eingraben und auswildern lassen.

»Und was ist mit der Spitze, Sir? Es ist die spitzeste Stelle überhaupt.«

Ich hatte den Scheitelpunkt vergessen. Wir gingen hin, um ihn genauer in Augenschein zu nehmen.

Es war eine grauenhafte kleine Ecke. Wenn ich daran denke, wie sie heute aussieht und wie viele erfüllte Stunden absoluten Entzückens ich in diesem winzigen Bereich verbracht habe, kann ich kaum glauben, dass die folgende Szene je stattfand. Doch sie fand statt. Ich sah mich um. Das alles war unsäglich deprimierend. Es war nicht einmal ein richtiges Dreieck.

»Am liebsten würde ich das ganze Ding abtrennen und der Dame aus der Nummer 1 überlassen«, sagte ich.

»Oh, das würde ich an Ihrer Stelle nicht tun, Sir«, rief Joseph mit schockierter Stimme. »Der Dame aus der Nummer 1 würde ich gar nichts überlassen.«

Ich dachte an die Episode mit den Pappeln und gab ihm recht.

»Aber was sollen wir dann damit anfangen?«

»Wie wäre es mit Rhododendron? Rhododendron müsste sich an dieser Stelle eigentlich gut machen«, sagte Joseph.

*

Im Rückblick glaube ich, dass es Josephs beiläufige Bemerkung über den Rhododendron war, mit der alles anfing. Denn diese Bemerkung weckte in mir einen Wust so intensiver Erinnerungen, dass etwas zum Leben erwachte, von dem ich gedacht hätte, es sei für immer tot. Ich erkannte, dass ich nicht wirklich glücklich sein sein konnte, solange nicht irgendein Teil von mir mit Erde in Berührung war … dass ich Wurzeln haben musste … dass, wenn nicht wenigstens einer meiner Füße in Erde steckte, der andere mit Gewissheit schon im Grab stand.

Sie müssen nämlich wissen, dass der Kampf um den Rhododendron zu den vielen Kämpfen gehörte, die hinter den sieben Bergen, in Allways, wo ich früher gelebt hatte, ausgefochten worden waren. Und obwohl ich eine Niederlage einstecken musste, war die Erinnerung an den Kampf dennoch süß. Es war vor allem eine Erinnerung an eine Zeit der Unschuld, in der ich noch glaubte, wenn man einen Rhododendrenhain haben wolle, müsse man nichts weiter tun, als ein paar Jungpflanzen in die Erde zu stecken und das Ergebnis abzuwarten. In Allways hatte ich welche in die Erde gesteckt. Und nach mehreren Monaten des Abwartens bestand das Ergebnis aus ein paar struppigen Zweigen, die aussahen wie die Überbleibsel der Weihnachtsdekoration einer billigen Pension in einem heruntergekommenen Badeort am Meer.

»Mit Ihren Rhododendren ist irgendetwas nicht in Ordnung«, schrieb ich verärgert an die Leute, bei denen ich sie bestellt hatte.

»Im Gegenteil. Wahrscheinlich ist mit Ihrem Boden irgendetwas nicht in Ordnung«, schrieben sie zurück.

Sie hatten natürlich recht. Mein Boden war der kalkigste Boden in ganz England, und Kalk ist für Rhododendren der sichere Tod.

Als Joseph nun vorschlug, Rhododendren zu pflanzen, erinnerte ich mich an jenen langen Kampf um die violetten Trophäen, die mir nie vergönnt gewesen waren. Ich erinnerte mich auch an einen Spaziergang im letzten Frühling durch Ken Wood, nur eine Meile von Heathstead entfernt. Das ganze Tal hatte geradezu gelodert vor Farben, als habe der Geist des Monats Mai lauter Feuer entzündet, um den Londoner Nebel zu vertreiben. Wenn die Dinger dort wuchsen, würden sie auch bei mir wachsen.

Mit plötzlicher Begeisterung drehte ich mich zu Joseph um.

»Genau«, sagte ich. »Wir nehmen ...«

Ich hatte fünfzig sagen wollen, weil ich das klägliche kleine Dreieck vergessen hatte, in dem wir standen. Ein einziger ausgewachsener Rhododendron würde es fast vollständig ausfüllen!

Deprimiert und niedergeschlagen fuhr ich fort: »Wir nehmen drei.«

»Ja, Sir«, pflichtete Joseph mir bei. »Drei dürften reichen. Wenn wir kleine nehmen und sie ordentlich zurückstutzen, haben sie sicher genug Platz.«

*

Die nächsten sechs Wochen verbrachte ich im Norden Englands und bekam nicht mit, wie der Rhododendron und alles andere gepflanzt wurden. Es war mir auch mehr oder weniger egal. Tatsächlich dachte ich erst am Tag meiner Rückkehr wieder an den Garten.

Doch als das Taxi auf dem Hügel anlangte und die Straße hinunterholperte, die zur Highways Close führt, freute ich mich geradezu darauf, den Garten wiederzusehen! Fast tat es mir sogar ein bisschen leid, dass ich nicht mehr hatte anpflanzen lassen. Aber der Goldlack würde sicher fröhlich und freundlich wirken, und die Osterglocken in der schattigen Ecke müssten eigentlich immer noch blühen. Die Silberbirken fingen wahrscheinlich gerade an, grün zu werden, und der Rhododendron hatte vielleicht schon ein paar Knospen angesetzt …

*

Fünf Minuten später saß ich mit dem Rücken zum Fenster vor dem Kamin und schwor mir, dem Garten nie wieder auch nur einen Blick zu gönnen. Ich würde ihn verkaufen. Ihn einem Waisenhaus schenken. Ihn einzäunen und einem Verein für entlaufene Hunde überlassen. Ihn in Tüten abfüllen und im Atlantik versenken.

Woher dieser plötzliche Sinneswandel? Wieso dieser abrupte Wechsel von Frühling zu Winter?

Ich weiß es nicht. Das heißt, ich weiß es schon, aber es klingt so affektiert und überkandidelt, dass Sie mich unweigerlich für verrückt halten werden. Aber das muss ich riskieren.

Im Grunde genommen war es einfach nur eine Frage der Ästhetik. Oder meinetwegen auch der Geometrie. Wieder dieses Dreieck. Alles, was ich getan hatte – und es war nicht gerade viel –, hatte nur dazu gedient, seine Dreieckigkeit zu unterstreichen. Als ich an der Glastür stand, um nach draußen zu gehen und mich mit den Blumen anzufreunden, auch wenn sie noch so mickrig waren, wenigstens so zu tun, als würde ich die große Runde durch den Garten drehen, so unzulänglich er auch sein mochte, fingen meine Augen an zu schielen und mein Kopf an zu dröhnen – so abstoßend wirkte alles.

Der Goldlack am rechten Zaun schob sich großspurig auf die Osterglocken am linken Zaun zu. Eine große, verfrühte Rhododendronblüte saß wie die Bommel einer Clownsmütze in der Spitze des Dreiecks. Und in der Mitte wiederholten drei mickrige Silberbirken das Grauen des Dreiecks im Kleinformat.

Es war unerträglich.

Gerade als ich mich abwenden und am Kaminfeuer Trost suchen wollte, drang von unten ein leises Maunzen an meine Ohren. Es war Kavalier. Sehr schick und glänzend in seinem neuen Frühlingsstaat. Ich hob ihn hoch, drehte ihn um, streichelte seinen Bauch und drückte eine seiner großen Pfoten an meine Stirn. Ohne Worte gab ich ihm dadurch zu verstehen, dass das Leben eine deprimierende Angelegenheit war und diese Welt kein Ort für uns und unseresgleichen. Kavalier blinzelte. Die Sonne fiel in seine grünen Augen und ließ die Pupillen so schmal werden wie Kümmelkörner. Langsam drehte er den Kopf in Richtung Garten. Wenn Blicke töten könnten, wäre jedes Pflänzchen in diesem Dreieck verdorrt, so tief war seine Verachtung.

Seine Muskeln spannten sich auf die spezielle Weise an, die in Tiersprache bedeutet: »Lass mich runter.« Ich gehorchte und setzte ihn auf die Stufen, die in den »Garten« führten. Er blieb stehen und schnupperte zierlich, verächtlich. Dann sah er über die Schulter zu mir zurück und gab jenen leisen, tragischen Klagelaut von sich, der mir immer das Gefühl gibt, eines Tages nach Siam fahren zu müssen.

»Was ist, Kavalier?«

Wieder öffnete er den Mund. Dieses Mal war der Klagelaut so leise, dass man ihn kaum hören konnte. Er schien aus einer Entfernung von Tausenden von Meilen zu kommen.

»Was ist, Kavalier? Was hältst du von diesem Garten?«

Und mit unglaublichem Takt zeigte er es mir.

Mit im Sonnenlicht glänzendem Fell stakte er über die bucklige Parodie eines Rasens zum Beet mit dem Goldlack. Er beschnüffelte eine der Blüten und nieste. Dann sah er noch einmal über die Schulter zu mir zurück.

Und begann langsam, mit Bedacht, zu scharren.

Das hielt Kavalier von diesem Garten.

Mir ging es genauso.

EIN LICHTSTRAHL

Als der Mai kam, war ich derart verzweifelt, dass ich beschloss, das Haus aufzugeben, sollte das Dreieck sich nicht bezwingen lassen.

Es waren qualvolle Wochen. Hunderte von Zetteln, alle mit auf den Kopf gestellten und von innen nach außen gekehrten Dreiecken bekritzelt, wanderten von meinem Schreibtisch in den Papierkorb. Dutzende von Stunden wurden damit verbracht, wie eine eingesperrte Hyäne durch den Garten zu tigern. Aber so lange ich auch tigerte, es kam nicht das Geringste dabei heraus. Egal ob ich am Fenster stand und den Scheitelpunkt anstierte, oder im Scheitelpunkt stand und zum Haus zurücksah, mein Kopf blieb leer. Auch wenn ich mich genau in der Mitte aufbaute, die Augen halb schloss und versuchte, mir Hecken und Wege vorzustellen, kam ich zu keinem Ergebnis. Ich versuchte es sogar damit, mich im Scheitelpunkt vorzubeugen und das verflixte Dreieck zwischen meinen Beinen hindurch zu betrachten – alles, was sich mir dabei enthüllte, war das ferne, auf den Kopf gestellte Gesicht von Mrs Heckmondwyke, die mich von ihrem Fenster aus beobachtete. Langsam und würdevoll richtete ich mich wieder auf und klopfte einen imaginären Schmutzfleck von meiner Hose.

✳

Da mein eigener Kopf anscheinend nichts, aber auch gar nichts, hervorbringen wollte, fing ich an, sämtliche Gartenzeitschriften zu kaufen, um zu sehen, was sie an Vorschlägen zu bieten hatten. Die Zeitschriften machten alles nur noch schlimmer, und zwar aus zwei Gründen. Erstens riefen die Werbeanzeigen (denen ich noch nie widerstehen konnte) mir quälend in Erinnerung, auf was ich alles verzichten musste. In Augenblicken kühlerer Überlegung war mir natürlich klar, dass einige dieser Annoncen die Dinge, um es vorsichtig auszudrücken, überoptimistisch darstellten und die »gigantischen Blüten von schier unglaublicher Leuchtkraft«, die mir so verlockend angepriesen wurden, sich zu guter Letzt doch nur als ziemlich mickrige Stockrosen entpuppen würden. Aber das machte es nicht besser. Man liest Gartenzeitschriften nicht in Augenblicken kühlerer Überlegung. Man liest sie in Ekstasen gläubiger Vertrauensseligkeit. Aus diesem Grund sollte sich jeder Aktien von Samentütchenproduzenten zulegen.

Die Gartenzeitschriften waren aber vor allem deshalb eine Enttäuschung, weil nicht eine einzige von ihnen auch nur den leisesten Hinweis darauf enthielt, dass es auf dieser Welt etwas so Merkwürdiges wie den Besitzer eines dreieckigen Gartens geben könnte. Ich war offenbar eine Abnormität. Ein einsames, bedauernswertes Wesen ohne einen Platz im Plan der Dinge. Es gab Vorschläge für quadratische Gärten, für rechteckige Gärten, für unregelmäßig geschnittene Gärten. Aber für dreieckige?

Es gab Skizzen für lange, schmale Gärten. Es gab Anregungen, »was man in einer dunklen Ecke alles anfangen kann« (was leicht anrüchig klang). Es gab »ungewöhnliche Methoden für den Umgang mit Teichen«. Es gab sogar einen Artikel über »Heiterkeit im Hinterhof«. Aber es gab keine einzige Skizze, keinen einzigen Vorschlag, nicht einmal einen einzigen noch so kleinen Tipp für Vorgehensweisen bei Dreieckigkeit.

Fünfecke – kein Problem. Sechsecke, Achtecke – in Hülle und Fülle. Wie man einen Bahndamm in einen Garten Eden verwandelt – allemal. Einen Keller in einen Hort der Schönheit – dito. Wie man Nektarinen auf einem Wolkenkratzer züchtet – jederzeit. Aber zum Thema Umgang mit Dreiecken – oder auch nur zur Existenz von Dreiecken – nichts als Schweigen.

*

Dann, auf einmal, ohne jede Vorwarnung, kam mir die Erleuchtung. Innerhalb von zehn Minuten entdeckte ich die Lösung, oder zumindest den Beginn einer Lösung, für das ganze Problem.

Es war ein schwüler Sonntagnachmittag Anfang Juli. Ich

schlenderte auf die Terrasse und starrte das vermaledeite Dreieck hasserfüllt an. Es sah schrecklicher aus denn je, wie es braun und staubig im gleißenden Sonnenlicht lag. Ich drehte mich um, um wieder ins Haus zurückzugehen, und hielt inne. Das Dreieck mochte zwar schrecklich sein, aber immerhin war es heiß. Genau richtig für ein Sonnenbad.

Wieso eigentlich nicht? Schließlich verhält sich die englische Sonne bei den seltenen Gelegenheiten, bei denen sie sich blicken lässt, nicht anders als die französische. Sie rötet die Haut, ruft Kopfschmerzen hervor, lässt Blasen entstehen und verursacht all die anderen Qualen, die zwingend zum Braunwerden gehören. Wieso diese Torturen nicht schon vor den Ferien in England durchleiden? Wenn man dann am Strand die Kleidung ablegte, wären alle von den Socken. »Wo bist du bloß so herrlich braun geworden?«, würden sie sagen. Und man würde antworten: »In meinem Garten in London.«

Bevor ich fast nackt auf die Terrasse trat, war mir nicht bewusst gewesen, dass der Garten doch ziemlich einsehbar war. Zwar gab es diverse strategische Punkte, von denen aus man nichts von den Nachbarn sehen musste, aber es gab keinen, an dem man nicht gesehen werden konnte. Nein – nicht ganz richtig. Es gab einen, am Zaun neben der Terrasse, unter dem Fenster meines Arbeitszimmers. Wenn ich mich an diesen Zaun drückte, das linke Knie bis zum Kinn hochzog und den Kopf in einem Winkel von 33° verdrehte, war außer dem rechten Knöchel nichts von mir zu sehen, es sei denn, jemand sprang zufällig mit dem Fallschirm genau über mir ab.

Diese Stellung entsprach jedoch nicht meiner Vorstellung von einem Sonnenbad, denn sie würde mir nicht nur Krämpfe einbringen, sondern auch ein tigerartiges Streifenmuster. Viele Körperteile – wesentliche Körperteile noch dazu – würden abscheulich weiß bleiben. Außerdem wäre es nicht einfach, die Splitter im Rücken zu erklären. Also stand ich ächzend, schwitzend und leise angeschmuddelt wieder auf, immer noch wild entschlossen, braun zu werden.

Ich brauche wohl nicht zu erwähnen, dass die Vorhänge der Nummer 1 während dieser Präliminarien in unablässiger hektischer Bewegung waren. Hinter diesen Vorhängen lauerte Mrs H. mit Unterbrechungen den ganzen Nachmittag hindurch. Aber mir war zu heiß, um mich daran zu stören.

Im Haus gab es zwei große Paravents. Binnen weniger Minuten hatte ich sie auf den Rasen getragen und wie unten zu sehen aufgestellt.

Es dauerte eine Weile, bis ich den richtigen Platz für sie gefunden hatte, aber schließlich fand ich ihn. In voller Sonne, aber nach Norden, Süden, Osten und Westen geschützt vor neugierigen Blicken. Ich hatte in der größten Stadt der Welt einen kleinen Flecken absolut ungestörter Einsamkeit geschaffen.

Ich legte mich hin. Eine Weile genoss ich den Luxus dieses seltsamen und unerwarteten Ungestörtseins. Der Himmel war sehr blau, Sonnenlicht flirrte in den Zweigen der großen Trauerweide. Es gab eine solche Vielzahl beweglicher Lichter, so viele schnell tanzende Schatten, dass man meinen konnte, eine riesige Geisterhand schwebe über allem und streue Konfetti über die ineinander verwobenen

Zweige. Konfetti aus Gold und Silber, das mit der Sommer-
luft verschmolz.

Zufrieden seufzend drehte ich mich um. Perfekt. Absolut perfekt. Die Erde roch nach Erde, nach richtiger
Erde, wie auf dem Land. Und an dieser Stelle des Dreiecks
wuchs mehr Gras, als ich geahnt hatte. Richtiges Gras, das
man ausrupfen und auf dem man herumkauen konnte, um
es dann wieder auszuspucken. Gras mit Ameisen darauf.
Richtigen Ameisen. Die einem über die Beine krabbelten,
einen kitzelten, einen zucken ließen, einen dazu brachten,
sich aufzusetzen und vage beunruhigende Gedanken zu
denken.

Ich setzte mich auf.

In mehr als einer Hinsicht. Denn ich fragte mich, ob
mein Hass auf das Dreieck wirklich auf seiner Dreieckigkeit beruhte oder ob der eigentliche Grund der war, dass
ein so großer Teil davon den Augen der Öffentlichkeit ausgesetzt war? Ob ich – und hier betrachtete ich die mick-
rigen Zäune – wenn ich stattdessen Mauern errichten ließ,
hohe Mauern, und eine zusätzliche Mauer an der Stelle, wo
die Paravents sich befanden …?

Ich stand auf.

Genau in diesem Augenblick, dem Augenblick, in dem
meine Unterhose herunterrutschte und der Wind die Paravents umblies und die Vorhänge der Nummer 1 in noch
hektischere Bewegung gerieten – wurde der Garten geboren.

Iris reticulata: Netzblatt-Schwertlilie

Wenn im Sommer alles so üppig blüht, dass man sich kaum entscheiden kann, welche all der vielen Blumen man pflücken möchte, vergisst man leicht die kahlen, kalten Tage, an denen die Erde ein Geizhals ist und, ob es einem passt oder nicht, nur ein oder zwei Blüten zur Verfügung stellt. In Mäntel und Schals gewickelt, gehen wir dann nach draußen und halten Ausschau nach einem vereinzelten Zweiglein der chinesischen Winterblüte, einer schlammbespritzten Christrose oder einem verfrühten Veilchen – einfach nach irgendetwas, das eine Vase füllen und ein bisschen Frühling vortäuschen könnte, lange bevor der Frühling wirklich da ist. Natürlich gibt es die Zwiebeln, die man sorgfältig in Asche versenkt oder, nach den Anweisungen von Gartenbüchern und Katalogen, in einen dunklen Schrank gelegt hat: Aber irgendwie hat es immer etwas Künstliches, wenn Blumen gezwungen werden, vor ihrer Zeit zu blühen. Ich will gar nicht unbedingt von den Reichen sprechen, die ihre Zimmer zu Weihnachten lässig mit Flieder und zu Neujahr mit Tulpen bestücken, welche sie beim Blumenhändler bestellt haben; es gibt einfach, wie mir scheint, generell einen großen Unterschied zwischen solchen Blumen, die wir zwingen, und solchen, deren Saison wir geduldig abwarten. Zum einen verdirbt die erzwungene Blüte uns die Freude an ihren Nachfolgern im Freien, die zu ihrer üblichen Zeit erscheinen; und zum anderen ist sie, so willkommen sie auch sein mag, immer irgendwie ein Schwindel. Jedem echten Blumenfreund leuchten diese Argumente natürlich vollkommen ein. Was nichts anderes bedeutet, als dass wir uns ganz besonders über solche Blumen freuen, die die Winterdüsternis aus freien Stücken erhellen. Und je zerbrechlicher und unwahrscheinlicher ihr Anblick, umso willkommener sind sie. Eine solche Blume ist die *Iris reticulata*. Es erscheint undenkbar, dass etwas so Fröhliches, Zartes und Strahlendes die Unbilden des Winters tatsächlich den Annehmlichkeiten des Frühlings vorziehen sollte. Selbstverständlich können wir, wenn wir möchten, die *Iris reticulata* unter Glas in Töpfen ziehen, das Ergebnis wird auch außerordentlich befriedigend und hübsch ausfallen; um wie viel beglückender ist aber doch die Eigenschaft der *Iris reticulata*, ohne Extrapäppelung und Zwang schon im Februar im Freien zu blühen. Purpurviolett und golden gesprenkelt, öffnen sich ihre Knospen sogar aus dem Schnee heraus. Der ideale Standort ist ein Plätzchen mit ziemlich fetter, aber doch durchlässiger Erde zwischen Steinen; eine Stelle, die sie während der kurzen, aber beseligenden Tage ihrer Blüte ganz für sich haben kann.

Iris reticulata – die Netz-Schwertlilie (oder auch Zwergiris). Nicht Blüte oder Blatt sehen netzartig aus, sondern die Zwiebeln. Sie tragen einen dünnen, faserigen Überzug, wie ein winziges Fischernetz. Ursprünglich stammt die Pflanze aus dem Kaukasus, und damit hat es eine eigentümliche Bewandtnis: Die kaukasische Wildform ist rötlich, während unsere europäische Gartenart eindeutig violett ist. Viele Botaniker, unter ihnen W. R. Dykes, der größte Schwertlilienexperte, rätselten bereits über die merkwürdigen Mendel'schen Eigenschaften dieser Gruppe. Mr Dykes hatte Zwiebeln aus dem Kaukasus erhalten, stets von Schwertlilien mit rötlichen Blüten; und obwohl die Gartenform, die er angepflanzt hatte, violett war, blühten die Sämlinge, die er daraus zog, ebenfalls rötlich wie die Wildform. Erst in der vierten aus Samen gezogenen Generation erhielt er erneut die violetten Blüten, und selbst die unterschieden sich leicht vom normalen europäischen Gartentypus.

Ich halte es für unwahrscheinlich, dass irgendjemand in dieser Weise mit seinen gehorteten Samen experimentieren möchte, gebe den Vorschlag aber trotzdem an Menschen weiter, die Lust und Zeit dazu haben. (Allerdings muss ich diese Enthusiasten warnen: Sie werden mindestens vier Jahre nach dem Aussäen der Samen warten müssen, bis aus der Zwiebel blühende Pflanzen entstehen.) Auf jeden Fall rate ich allen Blumenfreunden ganz entschieden, an irgendeiner Stelle in ihrem Garten die kleine *Reticulata* anzupflanzen. Darüber hinaus möchte ich ihr Augenmerk auf die Sorte *Iris reticulata Cantab* lenken (noch ziemlich teuer, etwa 1s. pro Zwiebel), die so leuchtend blau ist wie *Gentiana verna.* Solange das allerdings ein derart teures Vergnügen ist,* sollte man sie lieber unter Glas in einem Topf ziehen. Es wäre doch ein Jammer, sie teuer zu kaufen und dann zu verlieren.

---

* Heute sind die Zwiebeln absolut erschwinglich und problemlos zu kaufen. (A.d.Ü.)

Kew Gardens

Aus dem ovalen Blumenbeet reckten sich etwa an die hundert Stängel, um sich auf halber Höhe in herz- oder zungenförmige Blumenblätter zu verstreben und sich an der Spitze in rote oder blaue oder gelbe Blütenblätter zu entrollen, die an ihrer Oberfläche von erhöhten Farbtupfern gezeichnet waren; und aus dem roten, blauen oder gelben Dunkel des Halses ragte ein gerader Sporn, rau von Goldstaub und an seinem Ende leicht wulstig. Die Blütenblätter waren üppig genug, um in der Sommerbrise zu erzittern, und wenn sie sich bewegten, dann flirrten eins über dem anderen die roten, blauen und gelben Lichter, betupften einen Zoll der braunen Erde unter ihnen mit einem Fleck von ungemein komplexer Farbe. Das Licht fiel entweder auf den glatten grauen Rücken eines Kiesels oder auf das Haus einer Schnecke mit ihren braunen rund umlaufenden Rillen, oder, wenn es in einen Regentropfen fiel, blähte es mit einer solchen Intensität von Rot, Blau und Gelb die dünnen Wasserwändchen auf, dass man darauf gefasst war, sie zerplatzen und verschwinden zu sehen. Stattdessen aber wurde der Tropfen in Sekundenschnelle wieder silbergrau, und das Licht sammelte sich jetzt auf dem Fleisch eines Blattes, und enthüllte unter der Oberfläche das verästelte Blattgeäder, und wieder bewegte es sich fort und streute seinen Glanz auf die unermesslich grünen Räume unter dem Gewölbe der herz- und zungenförmigen Blätter. Dann fuhr die Brise eher etwas schärfer darüber hin und die Farbe wurde blitzschnell in die Luft darüber geworfen, in die Augen der Männer und Frauen, die im Juli in Kew Gardens spazieren gehen.

Die Gestalten dieser Männer und Frauen schwirrten an dem Blumenbeet mit einer sonderlich ungleichmäßigen Bewegung entlang, nicht unähnlich der Bewegung der weißen und blauen Schmetterlinge, die in Zickzackflügen von Beet zu Beet über den Rasen schwebten. Der Mann ging etwa sechs Zoll vor der Frau her, unbekümmert herumschlendernd, während sie zielbewusster ausschritt, sich ab und an umwendend, um zu sehen, ob die Kinder nicht zu weit zurückblieben. Der Mann wahrte seinen Abstand von der Frau zielstrebig, wenn auch vielleicht unbewusst, denn er wollte weiter seinen Gedanken nachgehen.

»Vor fünfzehn Jahren bin ich mit Lily hergekommen«, dachte er. »Irgendwo da drüben am Teich haben wir gesessen, und ich habe sie den ganzen heißen Nachmittag lang angefleht, mich zu heiraten. Wie die Libelle uns unentwegt umkreist hat: wie deutlich ich die Libelle sehe und Lilys Schuh mit der viereckigen Silberschnalle am Zeh. Die ganze Zeit, während ich redete, schaute ich auf ihren Schuh, und wenn er sich ungeduldig bewegte, wusste ich ohne aufzusehen, was sie sagen würde: ihr ganzes Wesen schien in ihrem Schuh zu stecken. Und meine Liebe, mein Begehren, steckten in der Libelle; aus irgendeinem Grund dachte ich, ließe sie sich da auf diesem Blatt, dem breiten mit der roten Blüte in der Mitte, ließe sich die Libelle auf dem Blatt nieder, würde sie sogleich ›Ja‹ sagen. Doch die Libelle kreiste und kreiste: sie ließ sich niemals irgendwo nieder – natürlich nicht, glücklicherweise nicht, sonst würde ich hier nicht mit Eleanor und den Kindern spazieren gehen – Sag mal, Eleanor, denkst du jemals an die Vergangenheit?«

»Warum fragst du, Simon?«

»Weil ich gerade an die Vergangenheit gedacht habe. Ich habe gerade an Lily gedacht, die Frau, die ich fast geheiratet hätte … Na, warum schweigst du? Hast du etwas dagegen, dass ich an die Vergangenheit denke?«

»Warum sollte ich etwas dagegen haben, Simon? Denkt man nicht immer an die Vergangenheit, in einem Garten, in dem Männer und Frauen unter den Bäumen liegen? Sind sie nicht unsere Vergangenheit, alles was davon übrig bleibt, diese Männer und Frauen, diese Geister, unter den Bäumen liegend … eines jeden Glück, eines jeden Wirklichkeit?«

»Für mich, eine viereckige Schuhschnalle und eine Libelle –«

»Für mich, ein Kuss. Stell dir sechs kleine Mädchen vor, wie sie vor zwanzig Jahren hinter ihren Staffeleien sitzen, da unten am Ufer des Teichs und die Seerosen malen, die ersten roten Seerosen, die ich je gesehen hatte. Und plötzlich ein Kuss, da hinten auf meinem Hals. Und den ganzen Nachmittag bebte meine Hand so, dass ich nicht malen konnte. Ich habe meine Uhr vorgezogen und die Stunde festgelegt, in der ich es mir erlauben könnte, nur für fünf Minuten, an den Kuss zu denken – er war so kostbar – der Kuss einer alten grauhaarigen Frau mit einer Warze auf der Nase, der Mutter aller Küsse meines Lebens. Komm Caroline, komm Hubert.«

Sie gingen weiter an dem Blumenbeet entlang, jetzt zu viert nebeneinander, und gleich wurden sie zwischen den Bäumen kleiner und sahen zur Hälfte durchsichtig aus, als das Sonnenlicht und der Schatten über ihre Rücken in großen zitternden unregelmäßigen Flecken glitt.

In dem ovalen Blumenbeet schien sich die Schnecke, deren Haus für die Spanne von etwa zwei Minuten rot, blau und gelb gefleckt war, jetzt sehr sachte in ihrem Haus zu regen, und sie begann sich als Nächstes über die Krumen lockerer Erde vorzuarbeiten, die abbröckelten und, während sie darüber hinzog, herunterrollten. Sie schien ein bestimmtes Ziel vor sich zu haben, im Unterschied zu dem eigentümlich stelzenden steifen grünen Insekt, das versuchte, vor ihr hinüberzukommen, und mit zitternden Fühlern eine Sekunde innehielt, als ob es mit sich zu Rate gehen müsse, und dann so eilig und eigenartig in die entgegengesetzte Richtung davonstelzte. Braune Klippen mit dunkelgrünen Seen in den Mulden, flache klingenscharfe Bäume, die sich von der Wurzel bis zur Spitze wiegten, runde Findlinge aus grauem Gestein, riesenhafte durchfurchte Flächen von einer feinen knisternden Textur – all diese Dinge lagen der Schnecke bei ihrem Fortkommen von einem Stängel zum andern im Weg, bis zu ihrem Ziel. Bevor sie entschieden hatte, ob sie dem gewölbten Zeltdach eines toten Blattes ausweichen oder es angehen sollte, erschienen neben dem Beet die Füße anderer menschlicher Wesen.

Dieses Mal waren beide Männer. Der Jüngere von beiden drückte eine vielleicht unnatürliche Gelassenheit aus; er hob den Blick und richtete ihn völlig unbewegt vor sich hin, während sein Begleiter redete, und wenn sein Begleiter zu reden aufhörte, blickte er sogleich wieder zu Boden, und manchmal öffnete er die Lippen, nur nach einer langen Pause, und manchmal öffnete er sie überhaupt nicht. Der ältere Mann hatte eine komisch ungleichmäßige und wackelige Art zu gehen, die Hand vorwärtsschleudernd und den Kopf abrupt nach oben werfend, so wie ein ungeduldiges Kutschpferd, das es satthat, draußen vor dem Haus zu warten; doch bei diesem Mann waren diese Gebärden unschlüssig und nichtssagend. Er redete nahezu unausgesetzt; er lächelte vor sich hin und fing wieder an zu reden, als ob das Lächeln eine Antwort gewesen wäre. Er sprach über Geister – die Geister der Verstorbenen, die ihm, wie er meinte, in eben diesem Moment alle Arten seltsamer Sachen über ihre Erfahrungen im Himmel erzählten.

»Der Himmel, William, das war für die Alten Thessalien, und jetzt, mit diesem Krieg, da rollt die geistige Substanz wie Donner zwischen den Hügeln.« Er hielt inne, schien aufzuhorchen, lächelte, schleuderte seinen Kopf hoch und redete weiter: –

»Da hätten wir eine kleine elektrische Batterie und ein Stück Gummi, um den Draht zu isolieren – insulieren? – isolieren? – nun gut, die Details schenken wir uns, es ist zwecklos, in die Details zu gehen, das würde unverständlich – also kurz gesagt, dieser kleine Apparat steht an einer geeigneten Stelle am Kopfende des Bettes, sagen wir, auf einem hübschen Mahagonitischchen. Alle Vorrichtungen sind unter meiner Leitung von den Handwerkern fein säuberlich eingestellt, die Witwe legt ihr Ohr daran und ruft wie vereinbart durch ein Zeichen den Geist herbei. Weiber! Witwen! Weiber in Schwarz –«

Jetzt erst schien er in der Ferne ein Frauenkleid erspäht zu haben, das im Schatten violett-schwarz aussah. Er nahm seinen Hut ab, legte die eine Hand auf sein Herz, und rannte murmelnd und fieberhaft gestikulierend auf sie zu. Aber William packte ihn am Ärmel und streifte mit der Spitze seines Spazierstocks eine Blume, um die Aufmerksamkeit des alten Mannes abzulenken. Nachdem der alte Mann sie in ziemlicher Verwirrung einen Augenblick betrachtet hatte, neigte er sein Ohr zu ihr hinunter und schien einer aus ihr sprechenden Stimme zu antworten, denn er fing an, über die Wälder von Uruguay zu reden, die er vor Hunderten von Jahren in Begleitung der schönsten jungen Frau in ganz Europa besucht hatte. Man konnte ihn von uruguayischen Wäldern murmeln hören, übersät von den Wachsblättern tropischer Rosen, von Nachtigallen, Meeresstränden, Seejungfrauen und Frauen, die im Meer ertrunken waren, während er sich von William weiterziehen ließ, auf dessen Gesicht sich der Ausdruck stoischer Geduld langsam vertiefte.

Seinen Schritten so dicht folgend, dass sie von seinen Gestikulationen einigermaßen verwirrt wurden, kamen zwei ältliche Frauen aus der unteren Mittelschicht des Weges, die eine massig und schwerfällig, die andere rosenwangig und behände. Wie die meisten Menschen ihrer Klasse waren sie von jedwedem Anzeichen von Exzentrizität, das auf einen verwirrten Geist hindeutete, rückhaltlos begeistert, besonders bei den Wohlhabenden; aber sie waren zu weit entfernt, um sicher zu sein, ob die Gestikulationen bloß exzentrisch waren oder echt verrückt. Nachdem sie einen Augenblick lang den Rücken des alten Mannes stillschweigend geprüft hatten und sich einen seltsamen verstohlenen Blick zugeworfen hatten, schritten sie energisch weiter und stückelten ihren ungemein komplizierten Dialog zusammen:

»Nell, Bert, Lot, Cess, Phil, Pa, sagt er, sag ich, sagt sie, sag ich, sag ich, sag ich –«

»Mein Bert, Sis, Bill, Opapa, der alte Mann, Zucker, Zucker, Mehl, Bücklinge, Grünzeug, Zucker, Zucker, Zucker.«

Die Massige sah mit einem merkwürdigen Gesichtsausdruck durch das Muster herabrieselnder Worte auf die Blumen, die kühl, fest und aufrecht in der Erde standen. Sie sah sie an wie ein Schläfer, der aus einem schweren Schlaf erwacht, einen Messingleuchter ansieht, der das Licht auf ungewöhnliche Weise reflektiert, und dann seine Augen schließt, sie öffnet, und als er wieder den Messingleuchter sieht, schließlich hellwach zu werden beginnt und den Leuchter aus Leibeskräften anstarrt. So kam die schwere Frau dem ovalen Blumenbeet gegenüber zum Stillstand und gab auch nicht weiter vor, dem was die andere redete zuzuhören. Sie stand da, ließ die Worte an sich herabrieseln und wiegte den Oberkörper vor und zurück, während sie die Blumen betrachtete. Dann schlug sie vor, dass sie eine Sitzgelegenheit suchen und ihren Tee nehmen sollten.

Die Schnecke hatte nun jedwede Möglichkeit überdacht, ihr Ziel zu erreichen, ohne rund um das Blatt kriechen oder es übersteigen zu müssen. Abgesehen von der erforderlichen Anstrengung, ein Blatt zu übersteigen, zweifelte sie, ob die feine Textur des Blattes, das schon, wenn es von der Spitze ihrer Fühler berührt wurde, mit einem derartig alarmierenden Geknister erzitterte, ihr Gewicht aushalten würde; und das bewog sie schließlich, unten hindurchzukriechen, denn da war eine Stelle, an der das Blatt hoch genug vom Boden abgehoben war, um dies zuzulassen. Gerade hatte sie ihren Kopf in die Öffnung gesteckt und hatte das hohe braune Dach in Augenschein genommen und gewöhnte sich an das kühle braune Licht, als zwei weitere Menschen draußen auf dem Rasen vorbeikamen. Dieses Mal waren beide jung, ein junger Mann und eine junge Frau. Sie standen beide in der Blüte ihrer Jugend oder sogar in der Zeit, die der Jugendblüte vorausgeht, der Zeit, bevor die glatten blassrosa Falten der Blume ihre klebrige Kapsel gesprengt haben, wenn die Flügel des Schmetterlings, obgleich vollkommen ausgewachsen, sich reglos in der Sonne halten.

»Zum Glück ist heute nicht Freitag«, bemerkte er.

»Wieso? Glaubste an Glück?«

»Freitags muss man einen Sixpence blechen.«

»Was is denn schon ein Sixpence? Ist es keinen Sixpence wert?«

»Was heißt ›es‹ – was meinste mit ›es‹?«

»Och irgendwas – ich mein – du weißt schon, was ich mein.«

Lange Pausen traten zwischen diese Äußerungen: vorgebracht von tonlosen und monotonen Stimmen. Das Paar stand still am Rand des Blumenbeets, und gemeinsam drückten sie die Spitze ihres Sonnenschirms tief in die weiche Erde. Der Vorgang sowie die Tatsache, dass seine Hand oben auf der ihren ruhte, drückten auf sonderbare Weise ihre Gefühle aus, so wie diese kurzen bedeutungslosen Wörter auch irgendetwas ausdrückten, Wörter mit kurzen

Flügeln, gemessen an ihrem schweren Bedeutungskörper, unzureichend um sie weit zu tragen, und so landeten sie täppisch auf den ganz gewöhnlichen Dingen, die sie umgaben und die für ihre unerfahrene Berührung zu klobig waren: aber wer weiß (so dachten sie, als sie den Sonnenschirm in die Erde drückten), was für jähe Abgründe nicht in ihnen verborgen waren, oder welche Eishänge auf der anderen Seite glitzerten? Wer weiß? Wer hat dies je zuvor gesehen? Selbst wenn sie gern wissen wollte, was man in Kew wohl für einen Tee bekäme, spürte er, dass hinter ihren Worten etwas aufschimmerte und unermesslich und fest hinter ihnen stand; und sehr langsam hob sich der Nebel und enthüllte – Ach du lieber Himmel – was waren das für Gebilde? – kleine weiße Tischchen, und Kellnerinnen, die zuerst sie anschauten und dann ihn; und da war eine Rechnung, die er mit einem wirklichen Zweischillingstück bezahlen würde, und es war wirklich, ganz wirklich, dessen vergewisserte er sich, indem er mit der Münze in seiner Tasche spielte, wirklich für alle, außer für ihn und für sie; selbst für ihn schien es wirklich zu werden; und dann – aber es war zu aufregend, so dazustehen und weiter nachzudenken, und mit einem Ruck zog er den Sonnenschirm aus der Erde und hielt ungeduldig nach dem Ort Ausschau, an dem man mit anderen Menschen, wie andere Menschen, Tee trinken konnte.

»Komm jetzt, Trissie; höchste Zeit für unseren Tee.«

»Wo in aller Welt trinkt man denn seinen Tee?«, fragte sie mit einem höchst sonderlich erregten Beben in der Stimme, während sie vage um sich schaute und sich weiter den Wiesenweg hinunterschleppen ließ, den Sonnenschirm hinter sich herziehend, den Kopf dahin und dorthin drehend, ihren Tee vergessend, dahinüber und dorthinüber laufen wollend, sich an Orchideen und Kraniche zwischen wilden Blumen erinnernd, an eine chinesische Pagode und an einen Vogel mit karmesinroter Haube; doch er zog sie fort.

In dieser Weise zog ein Paar nach dem anderen mit genau derselben ungleichmäßigen und ziellosen Bewegung an dem Blumenbeet vorüber und wurde Schicht um Schicht in grünblauen Dunst gehüllt, in dem zunächst ihre Körper Substanz und einen Schuss Farbe hatten, doch später lösten sich beide, Substanz und Farbe, in der grünblauen Atmosphäre auf. Wie heiß es war! So heiß, dass sogar die Drossel zu hüpfen beschloss, ein mechanischer Vogel im Schatten der Blumen, mit langen Pausen zwischen einer Bewegung und der nächsten; anstatt unbestimmt umherzuschweifen, tanzten die weißen Schmetterlinge übereinander und ließen mit ihren weißen, sich hierhin und dahin verschiebenden Flocken über den höchsten Blumen die Kontur einer zerschlagenen Marmorsäule entstehen; die Glasdächer des Palmenhauses leuchteten, als ob sich in der Sonne ein ganzer Marktplatz voller glänzend grüner Schirme aufgetan hätte; und in das Dröhnen des Flugzeugs hinein murmelte die Stimme des Sommerhimmels wild und inbrünstig. Gelb und schwarz, rosarot und schneeweiß, Gestalten in all diesen Farben, Männer, Frauen und Kinder, wurden sekundenlang an den Horizont getupft, und dann, als sie die Fülle von Gelb, die über dem Gras lag, sahen, taumelten sie und suchten Schatten unter den Bäumen, lösten sich in der gelben und grünen Atmosphäre wie Wassertropfen auf, färbten sie zaghaft mit Rot und Blau.

Es schien, als seien alle plumpen und schweren Körper in der Hitze reglos niedergesunken und lägen ineinander verknäult auf dem Boden, aber ihre Stimmen kamen taumelnd aus ihnen hervor, als ob sie Flammen wären, die den dicken Wachskörpern der Kerze entführen. Stimmen, ja, Stimmen, wortlose Stimmen, die plötzlich die Stille mit einer solch tiefen Befriedigung durchbrachen, solch einer Leidenschaft des Begehrens, oder, in den Stimmen der Kinder, solcher Frische des Erstauntseins; durchbrachen die Stille? Aber da war keine Stille; die ganze Zeit ließen die Omnibusse die Räder kreisen und wechselten die Gänge; wie ein unermesslicher Satz stahlgeschmiedeter chinesischer Büchsen, die sich unaufhörlich ineinander drehten, murmelte die Stadt; und darüber schrien die Stimmen laut auf, und die Blütenblätter von Myriaden von Blumen blitzten ihre Farben in die Luft.

Die stille Mitte der Welt

Unten im Süden der West Side gibt es einen kleinen Park, kaum größer als ein begrünter Platz, der fast immer menschenleer ist. Ein niedriger Eisenzaun um ihn herum hebt ihn ab von dem Parkplatz eines Gebrauchtwagenhändlers, von einem großen roten Backsteingebäude, das eine Art Notfallklinik zu beherbergen scheint, und von den schmucklosen grauen Rückseiten der heruntergekommenen Apartmenthäuser in diesem Block. An idyllischen Stellen der zwei gewundenen betonierten Wege, auf denen man ihn betreten kann und die sich in seiner Mitte an einem Trinkbrunnen aus Beton treffen, aus dem unablässig ein paar Zentimeter kühlen Wassers sprudeln, sind drei oder vier Sitzbänke aufgestellt.

Aus einer gewissen Entfernung glitzert der kleine Park wie eine smaragdgrüne Insel, wie eine strahlende, einladende Überraschung in einem Meer tristen Graus, wenn man von der Avenue aus hinschaut. Mrs. Robertson erblickte ihn eines Tages von einer Ecke der Castle Terrace Apartments drei Blocks entfernt, wo sie wohnte. An diesem Nachmittag nahm sie ihren kleinen Sohn Philip zum Spielen dorthin mit. Es war genau der richtige Ort für ihn, denn der niedrige Eisenzaun hielt ihn davon ab, wegzulaufen, sobald sie ihm den Rücken kehrte, und der Park war ruhig und sonnig, frei von Abfällen und von Leuten. Für einen städtischen Park war er zudem außergewöhnlich hübsch, als hätte die Gärtner beim Anlegen ein besonderer persönlicher Stolz beseelt. Das feine kurzgeschorene Gras erstreckte sich bis in die äußersten Winkel der vier annähernd dreieckigen Rasenflächen. Sofern der Rasen nicht betreten werden sollte, gab es keine Schilder, die darauf hinwiesen. Gewiß bildete die unmittelbare Umgebung einen häßlichen Kontrast zur nahen Castle-Terrace-Anlage, doch das traf auf die Umgebung von Castle Terrace in jede Richtung zu. Der quadratische Apartmentblock erhob sich wie eine Ritterburg mitten im Land der Vasallen, wo noch die schäbigsten Läden und Kneipen liebedienerische Namen trugen wie King George, Taverne zur Krone, Belvedere Bar- und Grillroom, als wollten sie damit den Schutz des herrschaftlichen Hauses erheischen. Doch die einzigen Menschen, die Mrs. Robertson in der Nähe des Parks zu sehen bekam, waren Lastwagenfahrer, die eine Imbißbude einen Block weiter weg aufsuchten, und vereinzelte alte Männer in falsch zugeknöpften Mänteln, die vorbeischlurften und zu betrunken oder zu müde waren, um den Park eines Blicks zu würdigen. Mrs. Robertson las in ihrem Buch, bis sie es leid wurde, holte dann ihr Strickzeug hervor, und nach einer Weile saß sie nur da und träumte in der Stille vor sich hin. Sie überlegte die Frage, die sie für das Abendessen immer bis zuletzt offenließ, nämlich welches tiefgefrorene Gemüse sie auf dem Heimweg einkaufen wollte.

Sie hatte sich gerade für gewürfelte Möhren mit Erbsen entschieden, als eine junge Frau mit einem Kind in Philips Alter den Park betrat und sich auf eine der Bänke setzte.

Der kleine Junge war dunkelhaarig und hatte einen blau und weiß gemusterten Ball dabei, der Philips Interesse weckte.

Der dunkelhaarige kleine Junge kletterte über die Bögen der Drahtumzäunung auf den Rasen, auf dem Philip spielte. »Hallo«, sagte er.

»Hallo«, sagte Philip.

Keine Minute später spielten sie, Philip mit dem Ball und der dunkelhaarige kleine Junge mit Philips Dreirad. Es paßte Mrs. Robertson nicht, daß Philip mit irgendeinem fremden Kind spielte, aber alles war so schnell gegangen, daß sie nicht eingreifen konnte. Ohnedies hatte sie beabsichtigt, in einer Viertelstunde zu gehen. Müßig betrachtete sie die andere Frau und vermutete sofort, daß sie nicht wohlhabend war und in einem der häßlichen Häuserblocks am Parkrand wohnte. Die Frau hatte sehr helles blondes Haar, das aber nicht gebleicht aussah, und war recht hübsch. Sie saß mit den Händen in den Taschen ihres schwarzen Kamelhaarmantels, die Knie aneinandergedrückt, fast als wäre ihr kalt, und sie kümmerte sich nicht viel um ihr Kind, dachte Mrs. Robertson, sofern es ihr Kind war. Sie starrte vor sich hin mit einem schwachen Lächeln auf den Lippen, als wäre sie in Gedanken weit weg.

Bald darauf erhob sich Mrs. Robertson, um Philip zu holen. Er und das dunkelhaarige Kind hatten sich so nett angefreundet, daß Philip zu weinen begann, als sie seine Hände von dem Ball löste und ihn samt Dreirad auf den Weg bugsierte. Mrs. Robertson und die blonde Frau tauschten ein Lächeln des Einverständnisses, wechselten aber kein Wort. Mrs. Robertson sprach nicht mit Fremden, und die andere Frau schien noch immer in ihre Träumerei versunken.

Am nächsten Nachmittag war die blonde junge Frau im Park, als Mrs. Robertson kam, in ihrem schwarzen Kamelhaarmantel auf derselben Bank und in der gleichen Haltung.

»Dickie!« kreischte Philip, als er den kleinen Jungen erblickte, und seine Kleinkindstimme überschlug sich vor Freude.

Mrs. Robertson verspürte einen Stich der Überraschung, fast des Unbehagens, daß Philip den Namen des kleinen Jungen kannte. Sie beobachtete, wie Philip mit wackeligen Beinen den Weg entlang zu Dickie lief, der ihn mit strahlendem Lächeln erwartete und ihm seinen Ball mit beiden Armen entgegenstreckte. Philip lief ihm in die Arme, und seine stürmische Begrüßung warf ihn zu Boden, woraufhin beide hinter dem Ball her krabbelten. In dem Augenblick, in dem beide zusammen waren, im Spielen wie zu einer Person zusammengeschmolzen, wurde Mrs. Robertson klar, was ihr Unbehagen verursacht hatte: Sie war sich nicht sicher, ob der kleine Junge reinlich war. Vielleicht hatte er sogar Ungeziefer im Haar. Bis vor kurzem hatte Mrs. Robertson in einem Vorort von Philadelphia gewohnt, doch sie hatte von den unhygienischen Lebensbedingungen in den New Yorker Mietwohnungen gehört. Der dunkelhaarige kleine Junge sah in seinem rosa-weiß gestreiften Spielanzug sauber genug aus, doch schließlich konnte man nie wissen, was für Krankheiten Kinder aus solchen Wohnungen übertragen mochten, und Philip war nicht so widerstandsfähig wie ein Kind, das in einer solchen Umgebung aufgewachsen war. Sie würde aufpassen müssen, daß er nichts in den Mund nahm.

Mrs. Robertson nickte der blonden Frau lächelnd zu, als sie sich auf die Bank vom Vortag setzte. Die andere erwiderte den Gruß mit einem kaum merklichen Nicken, und über die kleinen Jungen hinweg, die auf dem Rasen spielten, nahm ihr Blick wieder seinen versonnenen Ausdruck an. Ihre Miene war so selbstvergessen, daß sie Mrs. Robertsons Neugier weckte. Ihr Lächeln deutete an, daß sie einem angenehmen und spannenden Schauspiel beiwohnte, das sich an einem bestimmten Ort zutrug. Sie war noch jung, vermutete Mrs. Robertson, vielleicht einundzwanzig oder zweiundzwanzig. Woran mochte sie denken, fragte sie sich. Und was mußte ihr kleiner Sohn anstellen, damit sie auf ihn aufmerksam wurde?

Auf der Bank jenseits des Weges, näher am Trinkbrunnen als Mrs. Robertson, wartete die junge blonde Frau auf ihren Geliebten. Sie dachte, was für ein herrlich sonniger, ruhiger Tag es war, und wünschte sich beinahe, daß diese Treffen in dem kleinen Park an Aprilnachmittagen alles wären, was sie erleben würde, erleben konnte oder erleben wollte. Sie dachte, daß eine bestimmte Stimmung jeden Nachmittag von ihr Besitz ergriff, wenn sie mit Dickie das Haus verließ, wenn sie die Sandsteintreppe hinunterging und die Wärme der Frühlingssonne und ihre gelassene Helligkeit auf sich spürte, bevor sie den Blick von Dickies Füßen heben und sich umsehen konnte. Die Straße, in der sie wohnte, war fast frei von Verkehr, und gegen zwei, drei Uhr nachmittags war es dort fast so ruhig wie in dem Park. Sie bestand aus zwei glatten, geraden Häuserzeilen aus braunem Sandstein, und selbst der blaugraue Streifen Straße zwischen ihnen war klar und deutlich zu sehen. Hie und da belebten eine weiße Milchflasche auf dem Fenstersims oder ein Paar Arme, die auf einem flachgedrückten Kissen ruhten, eines der Fenster. Über den Armen blickten resignierte und milde neugierige Augen her, voller Begierde auf jegliches Geschehen auf der Straße, das sich selten genug ereignete: eine Frau im Hauskleid, die eine weiße Promenadenmischung am Bordstein ausführte, ein einsames Kind, das seinen Ball gegen ein Straßenzeichen kickte, unter Umständen ein Junge, der einen klappernden Wäschekarren zog, eine vorüberhuschende Katze. Bis auf die Alten und vereinzelte Frauen war jedermann in der Arbeit. Wie ihr Ehemann Charles, der auf dem Broadway Busfahrer war, um acht Uhr morgens das Haus verließ und meistens erst nach fünf zurückkam. Für sie war die Straße sogar menschenleer, denn die Frau mit ihrem weißen Hund oder die Arme auf den vereinzelten Fenstersimsen kamen ihr nicht lebendig vor, wie sie sich lebendig fühlte. Sie konnte sich nicht vorstellen, daß sie alle wie sie den Frieden dieser Straße empfanden, einen ganz eigenen Frieden, der danach verlangte, wahrgenommen zu werden, oder auch nur seine blitzende nachmittägliche Sauberkeit im April. Die Frau mit dem Hund empfand nicht das, was sie empfand, wenn sie ihre Treppe zum Gehsteig hinunterkam, sie empfand nicht, daß der Nachmittag dort den Frauen gehörte, den Ehefrauen, die jetzt mit den Pflichten allein waren, über die sie nach eigenem Belieben verfügten, deren Zeiteinteilung sie mit der Flexibilität eines Frauentages verändern konnten, um eine Stunde vorverschieben oder hinausschieben

oder sogar bis auf den nächsten Tag, ganz wie sie wollten –
eine Welt der Frauen war die Straße mit ihren zwei, drei
schmächtigen Bäumen in Eisenumzäunungen, deren spär-
liche Wipfel frisches Grün zeigten, die Straße mit ihrem un-
benennbaren Frieden. Dennoch betrachtete sie sich nicht
als gewöhnliche Hausfrau. Und die Ruhe der Straße oder
die des Parks beseelte sie nicht an den Nachmittagen, an
denen sie ihn erwartete, obwohl ihre Wahrnehmung dieser Ruhe von ihm abhing. An den Nachmittagen, an denen
sie ihn erwartete, schaute sie über Straße und Park hinaus.
Sie blickte nach Osten, wo die Straße in einem schroffen
Gebäudewirrwarr verschwand, und stellte sich Lärm und
Menschenmengen vor. Sie blickte nach Westen, und etwas
in ihr bäumte sich auf beim Anblick des Flußkais und eines
gedrungenen hohen Schiffsmasts, der als Kreuz wie ein
machtvolles und mystisches Versprechen die rußige Ge-
bäudefront der Dockanlagen überragte und den viereckigen Pfeiler, der die Nummer des Kais trug. Von diesem Kai
aus, ganz nahe dem Ort, wo sie jede Nacht schlief, konnte
sie an jeden Punkt der Welt aufbrechen, dachte sie. Und
dann fragte sie sich, ob sie und Lance wirklich jemals an
fremde Orte reisen würden. Wenn sie ihn fragte, antwortete
er in so festem und überzeugtem Ton: »Aber gewiß doch.
Warum nicht?«, daß sie ihm glaubte und nicht länger zweifelte. Hob die Frau mit dem Hund jemals den Blick bis zum
Kai? Oder die Frau, die heute wieder in den Park gekommen war, die mit dem sauber gewaschenen und gekämmten
kleinen Jungen, die sicher in Castle Terrace wohnte – über-
lief es sie jemals kalt beim Anblick und beim Geruch und
bei den Geräuschen des Flusses? Aber sie hatte sicher schon

die ganze Welt bereist und war so oft in Europa gewesen, daß sie wußte, wie alles aussah und was einen erwartete. Warum sollte sie zu dem Kai hinschauen?

Die blonde junge Frau sah sie jetzt an, wie sie dasaß, in ihrem Buch las und ab und zu aufblickte, um nach ihrem kleinen Sohn zu sehen. Was sollte einem in diesem Park schon passieren? Die Strickjacke, die sie über ihrem Kleid trug, hatte im Sonnenlicht die herrliche Farbe von Trauben-eis, das man ins Licht hält. Kaschmir. Sie war jung, dachte sie, und wirkte nur älter, weil sie sich so gravitätisch be-nahm. Sie hatte sich nicht mit ihr unterhalten, vermutlich, weil sie sich für etwas Besseres hielt, aber ihr machte das nichts aus. Sie war nicht zum Reden aufgelegt. Sie war auch nicht zum Lesen aufgelegt. Sie hätte den ganzen Tag still-zufrieden auf ihrer Bank sitzen können, träumen und ins Leere schauen, über das Grün des Parks hinweg, das sich in ihren Augen spiegelte. Sie wartete auf Lance. Und konnte sie das in diesem Park nicht auch an den Tagen tun, an de-nen er nicht kommen konnte? Nach den hier verbrachten Stunden konnte sie ganz leise lächeln, als fände sie es amü-sant, wenn Charles völlig betrunken und sehr aufgeräumt spät nach Hause kam, nachdem er seinen ganzen Lohn vertrunken hatte. Sonderbarerweise machte sie ihm keinen Vorwurf daraus, wenn sie ihren Nachmittag im Park ver-bracht hatte. Seine Arbeit hatte seine Nerven aufgerieben – die drängelnden Menschenmengen, das ständig unterbro-chene Fahrkartenverkaufen, die Zeitpläne, die eingehalten werden mußten, die Ausweichmanöver, wenn Fußgänger unerwartet vor dem Bus auftauchten –, und deshalb trank er, um seine Nerven zu betäuben. Er trank, um die Ruhe zu finden, die sie im Park fand. Einmal, vor ein paar Monaten, bevor sie Lance kennengelernt hatte, war sie mit Charles in den Park gegangen, aber ihm hatte es dort nicht gefallen, weil er nicht mehr stillsitzen konnte. Und jetzt gehörte der Park ihr und Lance. Nach den im Park verbrachten Stunden konnte sie weder Charles noch sich selbst einen Vorwurf aus dem machen, was geschehen war. Sie hatten einfach aufgehört, einander zu lieben, zuerst Charles, dann sie. Vielleicht hatte das Fehlen der Stille sie so erschöpft, seit Anbeginn ihrer Ehe, als sie in der Parterrewohnung auf der East Side gewohnt hatten; vielleicht lag es daran, daß Charles die Kraft verloren hatte, sie weiterzulieben. Hätte man ihn in Stille tauchen, ihn sie trinken und hören lassen, sie sehen und atmen lassen, ihn stundenlang in ihr schlafen lassen können, dann wäre es möglich gewesen, ihn sich wieder mit glatter Stirn vorzustellen und sich auszumalen, wie er die Augen öffnete und sie ansah, als liebe er sie wieder. Aber jetzt wünschte sie sich das gar nicht mehr, denn es war zu spät. Sie hatte Lance gefunden, und sie liebte ihn. Und Lance würde sie lieben, egal wo er oder sie sich befand, zusammen oder getrennt, in Lärm oder Stille, Bewegung oder Ruhe. Lance besaß etwas, was Charles nie besessen hatte. Das wußte sie jetzt. Sie war nicht mehr achtzehn wie damals, als sie Charles geheiratet hatte.

»Philip!«

Philip stand auf und blickte schuldbewußt zu seiner Mutter, die darauf wartete, daß er sagte: »Ja, Mama«, was er tat, die letzte Silbe betonend.

»Mach deinen Spielanzug nicht schmutzig, mein Schatz! Paß gut auf!«

»Ja, Mama.« Und er wandte sich ab und hockte sich neben seinen Freund, um das Wasser aus dem Blechbecher des Brunnens in die kleine Grube zu gießen, die sie in den gepflegten Rasen gegraben hatten. Dickie hatte den Becher am Ende des Weges gefunden, und Philip hatte ihn automatisch hinter seinem Rücken versteckt gehalten, als er mit seiner Mutter sprach. Sie wußten nicht, was sie mit der kleinen Grube anfangen sollten, die das Wasser aufsog, aber sie waren glücklich und hatten einander dauernd etwas zu erzählen, so daß sie fast die ganze Zeit gleichzeitig plapperten. Keiner der beiden hatte je zuvor in seinem Leben jemanden kennengelernt, der ihm so gut gefiel wie der neue Freund.

Mrs. Robertson blickte unwillkürlich auf, als der Mann in den Park kam, weil so wenige Leute sich in den Park verirrten. Er trug einen dunklen Anzug und keinen Hut; er hielt inne und stand eine Weile auf dem betonierten Weg und sah die Frau auf der Bank an. Zuerst empfand Mrs. Robertson leise Furcht: Die Eindringlichkeit, mit der er die blonde Frau betrachtete, ein Lächeln unterdrückend, hatte etwas Bedrohliches, genau wie seine tief in die Taschen vergrabenen Hände, als fröre er – und als ihr diese einzige Ähnlichkeit zwischen den beiden auffiel, begriff sie, daß sie einander kannten, obwohl keiner Anstalten traf zu grüßen. Jetzt trat er mit starren, vorsichtigen Schritten auf die Frau zu und setzte sich ungezwungen neben sie, ohne die Hände aus den Taschen oder den Blick von ihrem Gesicht zu nehmen. Und der Gesichtsausdruck stillen Behagens, der Mrs. Robertson gestern und heute an ihr aufgefallen war, veränderte sich nicht im geringsten. Die Lippen des Mannes bewegten sich, die Frau sah ihn an und lächelte, und abermals fand Mrs. Robertson das, was sie zu sehen bekam, etwas verstörend.

Es war etwas verstörend, daß überhaupt ein Mann in den Park gekommen war und sich auf eine Bank gesetzt hatte. Daß es sich um einen Fremden handelte, der Avancen machen wollte, war ihr in den Sinn gekommen und von ihr verworfen worden, weil die beiden eine Aura der Vertrautheit umgab. Beide schauten jetzt vor sich hin, einander unmerklich zugeneigt, obwohl sich zwischen ihnen eine der Eisenstreben befand, mittels deren die Bänke in vier oder fünf Sitzplätze unterteilt waren, und dann streckte der junge Mann die Hand aus, zog behutsam die der jungen Frau aus der Manteltasche, führte sie unter der Eisenstrebe hindurch und umfaßte sie mit der eigenen Hand, die nun auf seinem übergeschlagenen Bein ruhte. Und mit einem Mal dämmerte es Mrs. Robertson: Sie waren ein Liebespaar! Natürlich! Warum hatte sie so lange gebraucht, um das zu begreifen?

Jetzt begann sie fasziniert, sie heimlich zu beobachten. Anfangs war sie gerührt von dem offenkundigen und anziehenden Glücksgefühl, das beide ausstrahlten, von dem Stolz, mit dem sie den Kopf hoben, um – auch er nun mit dem blicklosen, entrückt lächelnden Gesichtsausdruck, der ihr an der Frau aufgefallen war – starr geradeaus zu schauen, als betrachteten sie etwas weit jenseits der eisernen Parkumzäunung. Ganz gewiß sahen sie nicht aus wie ein Ehepaar, dachte sie mit einem merkwürdigen Anflug von Erregung, doch gleichzeitig betrugen sie sich nicht leidenschaftlich, wie sie es von einem Liebespaar erwartete, obwohl ihr einfiel, daß sie noch nie ein heimliches Pärchen zu sehen bekommen, sondern nur darüber gelesen hatte. Und hier handelte es sich zweifellos um ein heimliches Pärchen. Sie sah alles vor sich: den Ehemann (dunkelhaarig), der um sechs Uhr abends von der Arbeit kam, ohne zu ahnen, daß seine Frau den Nachmittag mit einem anderen verbracht hatte. Mrs. Robertson verspürte einen Stich des Mitleids mit dem Betrogenen. Ja, die blonde Frau sah eindeutig nach einem Flittchen aus – die Stöckelschuhe, das höchstwahrscheinlich mit Wasserstoff gebleichte Haar. Ob sie ihren Liebhaber wohl mit nach Hause nahm? Mrs. Robertson hoffte, das nicht miterleben zu müssen. Und im nächsten Augenblick mußte sie sich eingestehen, daß sie genau das liebend gerne miterleben würde, wie die beiden miteinander fortgingen. Sie blätterte eine Seite um, die sie nicht gelesen hatte; schuldbewußt hörte sie ihr dünnes goldenes Armband an ihre Uhr klimpern. Sie spähte erneut über ihre Lesebrille. Der Mann sprach, doch so leise, daß sie nicht einmal sein Murmeln hören konnte. Er hatte den Kopf zurückgelegt, auf die Rücklehne der Bank, und die Frau betrachtete sein Gesicht, aufmerksamer, als Mrs. Robertson sie bisher erlebt hatte, doch noch immer mit ihrem leisen, verträumten Lächeln. Der Mann spreizte seine Finger und umfaßte ihre Hand mit festerem Griff, und Mrs. Robertson verspürte eine kleine Welle des Entzückens. Sie fragte sich, was er der Frau wohl erzählte. Oder täuschte sie sich am Ende ganz und gar? War die Frau gar nicht die Mutter des Kindes, sondern nur eine bezahlte Aufpasserin oder ein Kindermädchen? Doch weder die Frau noch das Kind sah gutgekleidet genug aus, um das wahrscheinlich zu machen. Und wie um sie zu bestärken, kam das Kind plötzlich über den Weg hergelaufen, und sie sah, wie die Frau es in die Arme nahm, aus ihrer Handtasche ein Taschentuch holte und dem Kind energisch die Nase putzte, und aus beider Verhalten las sie etwas ab, was ihr unmißverständlich sagte, daß sie Mutter und Kind waren. Der Mann hatte seine freie Hand aus der Tasche gezogen, ebenfalls mit einem Taschentuch, und nachdem er es wieder weggesteckt hatte, hielt er jetzt ein kleines blaues Spielzeugauto auf der Handfläche, als hätte er es gerade gefunden. Die Frau sagte etwas, und der kleine Junge legte dem Mann die Arme um den Hals und gab ihm einen Kuß auf die Wange, bevor er davonsprang, alles so schnell, daß Mrs. Robertson ihren Augen nicht trauen wollte. Aber sie hatte es gesehen, fraglos, und auch das hatte den unmißverständlichen Charakter eines vertrauten Rituals gehabt. Unverhohlen starrte sie die beiden an, die sich vorbeugten und lächelnd den Kindern zusahen.

Philip! Er spielte auch mit dem Automobil. Der kleine Junge teilte es mit ihm. Unwillkürlich stand Mrs. Robertson auf und setzte sich wieder. Sie wollte nicht, daß er mit dem Automobil spielte; undeutlich hatte sie den Eindruck, daß es nicht in Ordnung war und auch nicht ganz sauber, genau wie der kleine Junge. Wieder blickte sie zu dem Paar auf der Bank – das sich so wenig um sie scherte, daß sie ganz unverhohlen hinschauen konnte –, und wieder hatten beide sich gemütlich zurückgelehnt, gemütlicher, als auf der harten Bank möglich zu sein schien, und ihre Arme waren jetzt verschränkt, und ihre Hände hielten einander unter der Eisenstrebe fest umschlossen. Der Mann redete, und die Frau erwiderte hin und wieder etwas. Es war ungewöhnlich, daß er das Kind offenbar so gern hatte. Oder tat er nur so? Worüber mochten sie sprechen? Wie störend mußte ihnen die Eisenstrebe zwischen ihnen vorkommen! Und sie verspürte eine erboste, selbstgerechte Befriedigung darüber, daß die Eisenstrebe sich dort befand. Wie würde der Park ohne solche Streben aussehen? Männer, die auf den Bänken schliefen. Pärchen ...

»Halb ist er du, nicht wahr?« sagte Lance gerade.

»Eines Tages werden wir ein Kind haben, das ganz wir ist.«

Dann schwiegen sie eine Zeitlang. Ein Vogel in einem benachbarten Baum sang ein paar zaghafte Triller – in dem ganzen Park gab es nicht mehr als drei oder vier Bäume – und schoß dann an ihnen vorbei, so daß beide ihn sehen konnten. Nicht weit entfernt ließ ein Schiff auf dem Fluß sein Tuten ertönen, weniger tief als das eines Ozeandampfers und weniger hoch als das eines Schleppdampfers: ein Schiff mittlerer Größe, dessen Tuten jedoch stolz verkündete, daß es überall hinfahren konnte und obendrein dort gewesen war.

»Wir werden viel reisen«, bemerkte er.

»Ich möchte nach Schottland fahren«, sagte das Mädchen noch gelassener, doch in einem Ton, als hätte es die Fahrkarte schon in der Tasche.

»Schottland muß unvorstellbar sein. Wir werden ganz bestimmt nach Schottland fahren ... auf die Hebriden.«

»Hebriden?«

»Wie wir in Träumen die Hebriden schauen.«

»Was sind das? Berge?«

»Berge und Inseln. Berge.« Er sagte die Worte so langsam und volltönend, als erschüfe er Inseln und Berge vor ihren Augen.

»Sag nicht Träumereien«, tadelte ihn das Mädchen. »Oder ist das auch ein Gedicht?«

»Es ist ein Gedicht. Aber Gedichte sind wahr.«

»Manchmal, nehme ich an.«

Er widersprach nicht. Sie schwiegen längere Zeit.

»Und dann, wenn wir mit dem Reisen fertig sind, baust du mir ein Haus?«

»Ich baue dir nicht ein Haus, sondern drei … vier Häuser«, sagte er entschieden. »Eines für jede Jahreszeit. Ein weißes für den Frühling, ein rotes für den Winter. Für den Herbst ein braunes –«

»Braun mag ich nicht.«

»Für den Herbst ein *lohfarbenes.*«

»Lance, hast du auf die Zeit geachtet?« flüsterte sie fast unhörbar, wie nebenbei.

»Ja, ich achte auf die Zeit. Die Kirchturmuhr sagt fünf vor vier.«

Die Turmuhr der kleinen Kirche befand sich nur einen halben Block entfernt an der Avenue, aber sie hatte ihm erklärt, daß sie keinen einzigen Blick dorthin richten werde, solange er mit ihr zusammen im Park war. Die Uhr ging immer sechs Minuten nach. Um neun nach vier würde er daher aufbrechen müssen, um sich wieder in der großen Buchhandlung an der Nassau Street in Downtown einzufinden, in der er arbeitete. Morgen würde er nicht kommen können und auch am Tag darauf nicht. Er trug nur dienstags und freitags Bücher aus, eine unbeliebte Tätigkeit, für die er sich freiwillig gemeldet hatte, um es so bewerkstelligen zu können, eine halbe oder eine dreiviertel Stunde mit ihr zu verbringen. Nur bei diesen Anlässen konnte er sie sehen. Solange sie mit Charles verheiratet war, würde sie sich nie abends mit ihm treffen. Er legte seine freie Hand über ihre und lächelte sie mit impulsiver Zärtlichkeit an. Er wußte, daß ihren Begegnungen in diesem Park etwas Schicksalhaftes eignete. Das einzige Mal, daß er sie abends gesehen hatte, war der Abend ihres Kennenlernens gewesen, vor dem Park am Gramercy Square, den sie nicht betreten konnten, weil er zugesperrt war. In der Dunkelheit hatte er sie vor den hohen Streben des Zauns stehen sehen, und mit einem durch seine eigene Einsamkeit und Verlorenheit geschärften Sensorium hatte er gespürt, daß – wer und was sie auch sein mochte – etwas sie verband, und deshalb hatte er guten Abend gesagt. Sie hatten an diesem Abend denselben Film in einem Kino in der Twenty-third Street angeschaut, jeder für sich allein. Das war ihr einziger gemeinsamer Abend gewesen, und dennoch bezeichnete er sich in Gedanken als ihren Liebhaber. Wie nannte sie ihn wohl? Gewiß nicht so, dachte er. Er hob den Kopf höher, ließ ihn wieder auf die Rücklehne sinken, und man hätte meinen können, er wäre der sorgloseste Mensch der Welt und würde den ganzen restlichen Nachmittag im Park vertrödeln.

»Dieser Park ist der ruhende Punkt im Drehen der Welt«, sagte er mit leiser und ehrfürchtig fester Stimme.

»So kommt es mir auch vor. Ja. Und die Straße, in der ich wohne. Und diese Tage.«

»Diese Tage.« Doch plötzlich schämte er sich für sein

Faulenzen, sogar für die halben Stunden mit ihr, weil es so viel zu tun gab. Nicht weil er die Zeit mit ihr verbrachte, sondern weil er zuließ, daß sie beide so törichte Träume träumten. Oder waren die Träume etwa nicht töricht? Es war schwer zu sagen. Er schämte sich, weil der kleine Park sich so gut zum Träumen eignete, zu gut, das wußte er, zu friedvoll und einem imaginären Himmel zu ähnlich. Und liebevoll – wie jedesmal, wenn er hier saß – betrachtete er die zierliche Krümmung der kleinen Rasenflächen und den schroffen Kontrast zwischen den Biegungen der Umzäunung und ihren leuchtendgrünen Flächen. Sein Blick wanderte müßig über Dickie und den anderen kleinen Jungen, die mit dem neuen Automobil spielten. Dickie gehörte zum Park als Cherub dieses Himmels. Heute sah er glücklicher aus als sonst, weil er einen Spielkameraden hatte. Er schaute zu der Frau auf der Bank drüben, die schon wieder zu ihnen herblickte, und lächelte sie an, doch sie senkte den Blick sofort auf ihr Strickzeug.

Mrs. Robertson hatte eine Masche fallen lassen und ribbelte nervös an der Wolle. Sie hatte ein Gefühl von innerer Unordnung und Verärgerung, was sie dem Strickfehler zuschrieb. Undeutlich verspürte sie den Wunsch, Philip zu holen, den Park zu verlassen und sich zu Hause um das Strickzeug zu kümmern, und zugleich den Wunsch zu bleiben, weil Philip sich hier so wohl fühlte und weil der Park – oder, wie sie sich eingestand, der Anblick des Pärchens auf der anderen Bank – ihr ein Vergnügen bereitete, das etwas Berauschendes hatte. Über diesen inneren Konflikt war sie sich keineswegs im klaren, nur darüber, daß sie mit sich im unreinen war, während sie an ihrem Strickzeug zupfte;

trotz dieses inneren Aufruhrs saß sie ruhig und beherrscht da, und nur ihre Finger bewegten sich gewandt, um den bisher untadeligen Fäustling für Philip zu retten. Als der Fehler ausgebessert war und sie weiterstricken konnte, als die mysteriösen Scharmützel in ihrem Inneren ausgetragen waren, da war auch das Ergebnis des Kampfes mysteriös und hinterließ in ihr nur ein undeutliches Gefühl der Verärgerung, der Ungeduld und auch der Enttäuschung. Hierher werde ich nicht wieder kommen, dachte sie unvermittelt, und diese bloße Entscheidung, die sich wie aus heiterem Himmel eingestellt zu haben schien, hatte etwas Beruhigendes. Aber ein paar Minuten würde sie noch bleiben. Es gab nichts, wovor man weglaufen mußte.

Das Sonnenlicht regte sich mit einem Mal wie ein Lebewesen, kletterte über die Bögen der Einzäunung und fiel schwerelos und geräuschlos über den halben Weg. Jetzt lag es auf den Füßen von Lance und der jungen Frau neben ihm. Ein langer Streifen zog sich diagonal über den Weg zu der Frau auf der Bank. Im Hinsehen sah er, daß auch sie hinsah, doch sie hob ihren Blick nicht.

»Der ruhende Punkt der Welt«, flüsterte die junge Frau.

»Im Drehen der Welt.« Und wieder schämte er sich: Die Welt um sie herum auf dieser grünen Insel der Zuflucht drehte sich, Maschinen bewegten sich, Uhren, doch er und sie bewegten sich nicht, obwohl so vieles zu tun war und erkämpft werden mußte.

»Ja, ›im Drehen der Welt‹ klingt schöner. Ich kann es spüren – aber ich könnte es nie so ausdrücken wie du. Ich habe es gespürt, als ich heute nachmittag aus dem Haus ging –«

Doch sie wußte, daß sie es nicht beschreiben konnte. »Und jetzt.«

»Aber es ist nicht von mir. Es ist von Eliot. Es gibt noch eine Stelle: › … am ruhenden Punkt ist der Tanz‹.« Er hielt inne, weil ihm bewußt wurde, daß neben dem geliebten Menschen nichts Bestand hat, obgleich die Stille jegliche andere Stille und jeglichen vorstellbaren Frieden übertrifft, und weil er plötzlich erkannte – als wäre ihm als erstem eine unumstößliche Wahrheit bewußt geworden –, daß neben dem geliebten Menschen die Schönheit eines Tagtraums niemals dürftig und leblos und flach wie ein Bild sein kann, wie sie es für den Einsamen ist, weil neben diesem Menschen die Luft von etwas Voranschreitendem erfüllt und mit elektrischer Energie aufgeladen ist und die Dinge, echte wie eingebildete, ganz und makellos sind. Er wandte sich zu ihr und sah sie einen vorsichtigen Blick auf die Frau auf der Bank werfen. Doch er hatte nicht vorgehabt, sie in diesem Augenblick zu küssen.

Glöckchen erklangen. Ferne Glöckchen von Schafen, dachte er, auf vom Nebel halb verhüllten wogenden Hügeln: den Hebriden.

»Da kommt der Eismann«, sagte sie.

Der Wagen des Eismanns kam an der Südseite des Parks zum Vorschein, geschoben von einem schlanken jungen Mann in weißen Hosen und weißem Hemd und mit weißer Mütze.

»Mutter«, sagte Dickie, der über das Geländer geklettert kam, »darf ich ein Eis haben?«

Lance langte in die Tasche.

Mrs. Robertson sah zu, wie der Mann dem kleinen Jungen eine Münze gab und der kleine Junge damit zum Eismann lief. Philip blieb stehen und schaute zu; er wußte, daß er so kurz vor dem Abendessen kein Eis essen durfte.

»Darf er auch eins haben?« Der Mann war aufgestanden und lächelte sie an, während er die Hand in die Tasche steckte.

»Oh, vielen Dank«, erwiderte Mrs. Robertson. »Aber er bekommt gleich sein Abendessen.«

Ihr Herz klopfte merklich schneller. Die paar Worte, die sie mit ihm gewechselt hatte, hatten sie erregt, auf eine Weise, die weder angenehm noch unangenehm war. Sein Auftreten und sogar sein Aussehen waren sympathischer, als sie zuerst gedacht hatte, als sein ungebügelter Anzug ihr suggeriert hatte, wie sie jetzt fand. Der dunkelhaarige kleine Junge kletterte über das Geländer zurück, während er in sein Eis biß, und lief auf Philip zu. Sie stand instinktiv auf, um Philip daran zu hindern, von dem Eis zu essen.

»Philip, ich glaube nicht –«

Zu spät. Philip hatte die ganze obere Hälfte des Eises im Mund, und sein Spielkamerad hielt ihm das Eis hin. Sie wollte Philip nicht mit Gewalt wegreißen, doch genau das passierte, und das Eis, das auf einmal von niemandem gehalten wurde, fiel zwischen den Kindern ins Gras.

»Oh«, sagte Mrs. Robertson und meinte es auch so, »das tut mir wirklich leid.«

Nach der ersten Verblüffung bückte sich der dunkelhaarige kleine Junge, um das Eis aufzuheben. Aber das zermatschte Eis rutschte von seinem Stiel, und nicht einmal für einen Dreijährigen gab es etwas zu retten. Vor seinen Augen zerbrach der Rest der Schokoladenkruste, als wollte sie vorsätzlich im dichten weichen Gras verschwinden. Er stand auf und sah ihr nach und wischte sich schüchtern die Hände hinter dem Rücken ab.

»Wo ist der Eismann?« Mrs. Robertson sah sich nach ihm um, doch er war fort. Sie hörte sein Bimmeln auf der Avenue.

»Hast du dein Eis verloren, Dickie?« rief der Mann verständnisvoll.

»Ach, das macht nichts«, sagte der kleine Junge, halb zu ihm, halb zu ihr. Er war nicht wütend, aber er lächelte auch nicht.

»Das war meine Schuld, es tut mir leid«, sagte Mrs. Robertson. Dann kam sie sich plötzlich lächerlich vor und ergriff mit einer Hand Philip am Arm und mit der anderen den Lenker seines Dreirads und bugsierte beide zur Umzäunung des Parks.

»Mußt du nach Hause gehen, Philip?« fragte der dunkelhaarige kleine Junge.

»Ja«, sagte Philip seufzend und resigniert. Doch vom Zaun aus blickte er traurig zurück, an dem Arm vorbei, den seine Mutter entschieden festhielt, als hätte er erst jetzt begriffen, daß es wirklich nach Hause ging.

»Wir sehen uns morgen wieder, Philip«, sagte der andere kleine Junge in so frühreifem Ton, daß Mrs. Robertson überrascht war.

Sie würden sich morgen nicht wiedersehen. Sie wollte nicht, daß Philip wieder mit ihm spielte. Sie wußte nicht genau warum, aber sie wollte es nicht. Es war falsch gewesen, nicht sofort mit ihm wegzugehen, sobald sie gemerkt hatte, was für eine Person diese Mutter war. An dem kleinen

Jungen war irgend etwas Unreines, das spürte sie, mochte er noch so sauber gewaschen sein, weil seine Mutter unrein war. Dennoch ertappte sie sich dabei, daß sie an der Frau und dem Mann auf der Bank vorbeiging, obwohl es der längere Weg aus dem Park war, und dabei, daß sie einen weiteren verstohlenen Blick auf die beiden warf, beinahe unwillkürlich und zu ihrer eigenen Verärgerung, einen so verstohlenen Blick, daß es ihr vorkam, als wäre der Blick nicht ihrer. Doch Mann und Frau schienen wieder ganz in ihre eigene Welt versunken, Händchen haltend. Sie war erleichtert, daß sie sie nicht gesehen hatten. Als sie am Ende des Wegs ankam, wußte sie, daß sie den Mann und die Frau, den kleinen Jungen und den Park nie wiedersehen würde.

Das blonde Mädchen hatte den Blick gesehen und darin trotz all seiner Flüchtigkeit den alten, unverkennbaren Blick erkannt, mit dem eine Frau eine andere bedenkt, die sie geliebt weiß – einen Blick voller Begehren, Bewunderung, Sehnsucht, Neid und widerwilligem Wohlgefallen, für eine Sekunde enthüllt und sofort wieder verborgen. In diesem Augenblick hatte sie in einem Reflex des Stolzes Lance' Hand fester gedrückt. Hatte Lance ihn auch gesehen? Wahrscheinlich konnte so etwas nur eine Frau erkennen. Sie hätte es ihm gerne erzählt, doch die Worte dafür wären noch schwerer zu finden gewesen als die über ihren inneren Frieden, wenn sie nachmittags die Sandsteinstufen hinunterging, und deshalb sagte sie: »Ich glaube, sie mag mich nicht. Sie war gestern schon da.«

Lance lächelte nur und zog ihren Arm enger an sich.

Nachweis

Dörte Hansen (* 1964, Husum)

Kirschbäume. Auszug aus: dies., *Altes Land.* Copyright © 2015 Albrecht Knaus Verlag, München, in der Verlagsgruppe Random House GmbH.

Hermann Hesse (1877, Calw – 1962, Montagnola)

Im Garten. Aus: ders., *Freude am Garten. Betrachtungen, Gedichte und Fotografien.* Mit farbigen Aquarellen von Hermann Hesse und zahlreichen Fotografien. Herausgegeben und mit einem Nachwort von Volker Michels. Copyright © Insel Verlag Berlin 2012.

Patricia Highsmith (1921, Fort Worth/Texas – 1995, Locarno)

Die stille Mitte der Welt. Aus der gleichnamigen Erzählsammlung. Copyright © 2002, Diogenes Verlag AG Zürich. Aus dem Amerikanischen von Melanie Walz.

Wladimir Kaminer (* 1967, Moskau)

Mein Leben im Schrebergarten. Auszug aus der gleichnamigen Ausgabe. Copyright © 2007 Manhattan Verlag, München, in der Verlagsgruppe Random House GmbH.

Donna Leon (* 1942, Montclair/New Jersey)

Gladys und der Rasenmäher. Aus: dies., *Über Venedig, Musik, Menschen und Bücher.* Copyright © 1997, 2005, Diogenes Verlag AG Zürich. Aus dem Amerikanischen von Thomas Bodmer.

Charles Lewinsky (* 1946, Zürich)

Der Fluch der Zucchini. Originalbeitrag für diese Anthologie. Abdruck mit freundlicher Genehmigung des Autors. Copyright © 2020 by Charles Lewinsky.

Catherine Mansfield (1888, Wellington – 1923, Fontainebleau)

Das Gartenfest. Aus: dies., *Sämtliche Erzählungen in zwei Bänden.* Erschienen bei der Diogenes Verlag AG, Zürich, 2012. Copyright der deutschsprachigen Übersetzung © 1980 Büchergilde Gutenberg, Frankfurt am Main. Aus dem Englischen von Elisabeth Schnack.

Beverly Nichols (1898, Bower Ashton/Bristol – 1983, Kingston upon Thames)
Grünes Glück – Geschichte eines Gartens. Auszug aus der gleichnamigen Ausgabe. Copyright © Schöffling & Co. Verlagsbuchhandlung GmbH, Frankfurt am Main 2011. Aus dem Englischen von Brigitte Walitzek.

Ingrid Noll (* 1935, Shanghai)
Ein chinesisches Paradies. Erstmals erschienen in: Georg Möller (Hrsg.), *Und immer wieder mein Garten …* Erschienen in der Deutschen Verlagsanstalt, München, 2018. Copyright © 2018, Diogenes Verlag AG Zürich.

Cees Nooteboom (* 1933, Den Haag)
Der Gärtner ohne Garten. Aus: ders., *Roter Regen. Leichte Geschichten.* S. 67–79. Copyright © Suhrkamp Verlag Frankfurt/M. 2007. Aus dem Niederländischen von Helga von Beuningen.

Vita Sackville-West (1892, Knole House/Kent – 1962, Sissinghurst Castle/Kent)
Iris reticulata: Netzblatt-Schwertlilie. Aus: dies., *Meine Lieblingsblumen.* Mit zahlreichen farbigen Illustrationen von Graham Rust. S. 28–30. Copyright © Insel Verlag Berlin 2016. Aus dem Englischen von Christel Dormagen.

William Saroyan (1908, Fresno – 1981, Fresno)
Der Petersiliengarten. Aus: ders., *Wo ich herkomme, sind die Leute freundlich.* Copyright © 2017 dtv Verlagsgesellschaft mbH & Co. KG, München. Mit freundlicher Genehmigung von dtv Verlagsgesellschaft mbH &Co. KG. Aus dem Amerikanischen von Nikolaus Stingl.

Meir Shalev (* 1948, Nahalal/Israel)
Mein Wildgarten: Werkzeuge. Aus: ders., *Mein Wildgarten.* Copyright © 2017 by Meir Shalev. Copyright der deutschsprachigen Ausgabe © 2017, Diogenes Verlag AG Zürich. Aus dem Hebräischen von Ruth Achlama.

Bitte beachten Sie
auch die folgenden Seiten

Martin Walker
im Diogenes Verlag

»Martin Walker hat eine der schönsten Regionen Frankreichs, das Périgord, zum Krimiland erhoben und damit erst für die Literatur erschlossen.«
Die Welt, Berlin

Die Fälle für Bruno, Chef de police:

Alle *Bruno*-Romane in der Übersetzung
aus dem Englischen von Michael Windgassen
Sämtliche Hörbücher werden von Joachim Steck gelesen

Bruno, Chef de police
Auch als Diogenes E-Hörbuch

Grand Cru
Auch als Diogenes Hörbuch

Schwarze Diamanten
Auch als Diogenes Hörbuch

Delikatessen
Auch als Diogenes Hörbuch

Femme fatale
Auch als Diogenes Hörbuch

Reiner Wein
Auch als Diogenes Hörbuch

Provokateure
Auch als Diogenes Hörbuch

Eskapaden
Auch als Diogenes Hörbuch

Grand Prix
Auch als Diogenes Hörbuch

Revanche
Auch als Diogenes Hörbuch

Menu surprise
Auch als Diogenes Hörbuch

Außerdem erschienen:

Schatten an der Wand
Roman. Deutsch von Michael Windgassen

Germany 2064
Roman. Deutsch von Michael Windgassen

Brunos Kochbuch
Rezepte und Geschichten aus dem Périgord
Deutsch von Michael Windgassen
Fotografiert von Klaus-Maria Einwanger

Martin Walker
und Julia Watson
Brunos Gartenkochbuch
Deutsch von Michael Windgassen
Fotografiert von Klaus-Maria Einwanger

Meir Shalev
im Diogenes Verlag

Meir Shalev, geboren 1948 in Nahalal, studierte Psychologie und arbeitete viele Jahre als Journalist und Fernsehmoderator. Er lebt mit seiner Familie in Jerusalem und in Nord-Israel. Neben seinen Romanen für Erwachsene schreibt er auch Kinderbücher.

»Israels großer Fabulierer. Seine Romane gleichen den Bildern Chagalls. In einer Ecke noch eine kleine Episode, am Rand noch eine Figur, und der Fiedler schwebt ganz selbstverständlich über dem Dach.«
Anita Pollak / Kurier, Wien

Ein Russischer Roman
Aus dem Hebräischen von Ruth Achlama

Esaus Kuß
Eine Familiensaga. Deutsch von Ruth Achlama

*Der Sündenfall –
ein Glücksfall?*
Alte Geschichten aus der Bibel neu erzählt. Deutsch von Ruth Melcer

Judiths Liebe
Roman. Deutsch von Ruth Achlama Auch als Diogenes Hörbuch erschienen, gelesen von Edgar M. Böhlke

Im Haus der Großen Frau
Roman. Deutsch von Ruth Achlama

Fontanelle
Roman. Deutsch von Ruth Achlama

Der Junge und die Taube
Roman. Deutsch von Ruth Achlama

Aller Anfang
Die erste Liebe, das erste Lachen, der erste Traum und andere erste Male in der Bibel. Deutsch von Ruth Achlama

*Meine russische Großmutter
und ihr amerikanischer
Staubsauger*
Deutsch von Ruth Achlama

Zwei Bärinnen
Roman. Deutsch von Ruth Achlama

Mein Wildgarten
Deutsch von Ruth Achlama. Mit 40 Illustrationen von Refaella Shir

Charles Lewinsky
Der Stotterer

Roman

»Ich kann besser schreiben als sein.« Der Stotterer hat früh gelernt, das Sprechen zu vermeiden und sich lieber schriftlich auszudrücken. Und er lernt auch bald, dass sich die Menschen mit geschriebenen Texten leicht manipulieren und ausbeuten lassen. Wegen Betrugs im Gefängnis gelandet, manipuliert er weiter und versucht, den Gefängnispfarrer davon zu überzeugen, dass eigentlich seine Eltern und ihr Sektenguru, die Hänseleien der Mitschüler und die Trauer um die verstorbene Schwester an seinen Taten schuld seien. In seinen Erzählungen spielt er mit Dichtung und Wahrheit, mit Anklagen und Ausflüchten, er philosophiert, phantasiert, verschleiert und erfindet – bis schließlich ein Lichtschimmer hinter dem vergitterten Fenster zu erkennen ist.

»Seltener sprachlicher Glanz und verblüffende erzähltechnische Virtuosität.«
*Andreas Isenschmid/*NZZ *am Sonntag, Zürich*

Auch als Diogenes Hörbuch erschienen,
gelesen von Robert Stadlober

Patricia Highsmith
im Diogenes Verlag

Das Werk von Patricia Highsmith erscheint seit 1974 im Diogenes Verlag.

2002 hat der Diogenes Verlag eine *Werkausgabe* ihrer *Romane und Stories* mit weltweit unveröffentlichten Stories aus dem Nachlaß und Neuübersetzungen ihres zu Lebzeiten erschienenen Werks gestartet; alle Bände kritisch durchgesehen nach den Originaltexten, in neuer Ausstattung, neuen Übersetzungen und mit einem Nachwort zur Lebens- und Werkgeschichte. Herausgegeben von Paul Ingendaay und Anna von Planta.

»Die neue Highsmith-Werkausgabe ist eine verlegerische Großtat.«
Heinrich Detering / Frankfurter Allgemeine Zeitung

»Erstmals vollständig und höchst nuanciert neu übersetzt – auf Highsmith-Leser kommen glänzende Tage zu. Der wahre Genuß.«
Tobias Gohlis / Die Zeit, Hamburg

»Ein monumentales Unterfangen, das die Highsmith-Rezeption auf eine ganz neue Ebene stellen wird.«
Alexandra Lavizzari / Der Bund, Bern

»Endlich eine Edition, die einer der bedeutendsten Autorinnen des 20. Jahrhunderts würdig ist.«
Bernhard Schulz / Kölner Stadtanzeiger

»Die Highsmith-Werkausgabe – ein beklemmender Sog, ein Genuß, ein Fest.«
Alex Rühle / Süddeutsche Zeitung, München